COLLECTION « VÉCU »

DU MÊME AUTEUR
chez le même éditeur

MAÎTRE-CHIEN (1979)

MICHEL GIROUILLE

DES CHIENS AU SERVICE DES HOMMES

*Les brigades canines :
drogue, explosifs, catastrophes*

ROBERT LAFFONT

© Éditions Robert Laffont, S.A., Paris, 1993
ISBN 2-221-07097-6

*En remerciement
à ma femme Renée qui a supporté
pendant trente ans avec patience
et tendresse un homme qui faisait
passer ses chiens avant sa famille.*

1

RUE MARBEUF

Je me rends chez mon directeur, celui que nous appelons familièrement « le Patron ». Ce rendez-vous ne ressemble pas aux autres. Je sens mon cœur battre à toute vitesse. C'est que de cette visite va dépendre l'avenir de nos chiens policiers !

Je conduis, la tête ailleurs, comme un vieux cheval qui rentre à l'écurie : Étoile, Champs-Élysées...

Je suis à cinquante mètres de la rue Marbeuf quand retentit une explosion comme je n'en ai jamais entendu.

Ce n'est pas un bruit qu'on peut situer. Un peu comme un éclatement de pneu, mais d'une violence inouïe.

Et alors que tout était calme, une journée ordinaire où les gens musaient devant les étalages, voilà subitement qu'on court dans tous les sens : on dirait une fourmilière sur laquelle on vient de poser le pied. Si on était en guerre — et, une seconde, je me demande si elle ne vient pas d'éclater —, je penserais à un bombardement; des rideaux arrachés flottent par les fenêtres aux vitres cassées, des pots de fleurs dégringolent des balcons. Et, couvrant le tout, des cris, des hurlements.

Je m'arrête, descends de voiture, quand surgit devant moi un homme titubant, l'œil au milieu de la joue.

J'ai compris.

Je reviens en courant vers ma voiture pour lancer un appel radio :

DES CHIENS AU SERVICE DES HOMMES

« T.P. 271 stup 3 (mon numéro de code), un attentat rue Marbeuf. Urgent. »

Oui, j'ai eu ce triste privilège d'être le premier à alerter l'état-major. Je ne savais pas encore que l'attentat de la rue Marbeuf deviendrait presque historique : un des plus graves actes de terrorisme — en tout cas le premier de cette importance — à Paris.

Je replonge aussitôt dans cette foule paniquée, ma carte de policier à la main, pour me faufiler parmi tous ces gens qui s'agitent, s'affolent, se bousculent à contresens : ceux qui fuient l'abomination et ceux qui arrivent pour voir ce qui se passe.

Tous, fuyards ou curieux, crient, hurlent, sanglotent, d'effroi, de douleur, de peur.

C'est maintenant un méli-mélo d'hommes, de femmes, d'enfants qui se hâtent, ne sachant même plus où ils vont. Et, couvrant la clameur humaine, les sirènes des pompiers et de police secours qui n'ont pas mis une minute à arriver.

L'explosion a été si violente que les artificiers, voyant une voiture déchiquetée, croient d'abord que c'est elle qui a explosé, mais que les dégâts s'arrêtent là.

Ils ont vite fait de déchanter : derrière la voiture qui, en effet, était piégée, il y a un vide total. De la voiture elle-même, plus rien : de la ferraille tordue. Seule la boîte de vitesses, que nous retrouverons au septième étage d'un immeuble, est intacte, ainsi qu'une roue encastrée dans le mur de pierre de la maison d'en face... Sous le choc de l'impact, elle a traversé toute la rue !

Et partout du sang, du sang. En traînées, en flaques. Déjà les civières passent, une couverture recouvrant un blessé ou...

Au milieu d'une vitrine brisée, un bras qui n'est pas d'un mannequin... Un peu partout, des lambeaux de chair avec des bouts de vêtements. Des plaintes encore, des gémissements.

Je fais ce que je peux, c'est-à-dire bien peu. Des agents repoussent le « public ». Car ceux qui arrivent maintenant,

RUE MARBEUF

c'est bien pour contempler un spectacle de cauchemar, qu'ils raconteront ce soir, chez eux, et demain aux collègues de bureau, tout fiers : « Vous ne savez pas, l'attentat de la rue Marbeuf, j'y étais ! Un peu plus... »

A l'écart, je découvre une jeune femme allongée par terre, que personne n'a encore remarquée. Pas une goutte de sang, pas de blessure apparente. On dirait qu'elle s'est endormie là, sur le trottoir.

Je m'approche d'elle.

Elle est morte.

L'attentat de la rue Marbeuf a officiellement fait un mort (cette femme) et soixante-trois blessés. Ce sera le premier d'une longue série.

J'allais chez le patron pour l'entretenir d'un projet qui me trottait par la cervelle : la formation de chiens antiexplosifs. J'étais encore hésitant, à vrai dire. En arrivant à son bureau, je ne l'étais plus.

Il m'a donné son accord avant que j'aie eu le temps de m'expliquer.

Quelques jours plus tard, le 13 mai 1982, je reçus une lettre de la préfecture de police :

Monsieur,

Le 22 avril 1982, lors de l'attentat à l'explosif 33, rue Marbeuf, à Paris, vous avez fait preuve d'efficacité et d'excellentes qualités professionnelles en participant aux premières mesures de sauvetage et en vous dévouant au secours des nombreux blessés.

Il m'est agréable, à cette occasion, de vous féliciter.

Le directeur de la Sécurité publique
André Béguet

DES CHIENS AU SERVICE DES HOMMES

Dire que je ne fus pas flatté en recevant cette lettre serait mentir ; comme tout le monde, j'ai ma vanité.

Mais j'aurais préféré cent fois qu'il n'y ait jamais eu matière à ces félicitations : ce premier acte de terrorisme restera dans mes souvenirs jusqu'à la fin de ma vie.

2.

MOI, MICHEL GIROUILLE

Je dors paisiblement, transporté dans un rêve vague... par un de ces cauchemars trop fréquents où, comme dans un clip, je revois une des pièces de ce puzzle tragique que fut l'attentat de la rue Marbeuf. Cet attentat, impossible à oublier, et qui fut à l'origine de bien des changements dans ma vie.

Non, c'est un songe heureux, où mon chien Vanzy est couché à mes pieds. Nous sommes dans un restaurant élégant, ma femme et moi, et le maître d'hôtel s'occupe de nous comme si nous étions des princes. Je contemple Renée. Elle est belle dans cette robe habillée qui découvre un peu trop, à mon goût de mari jaloux, une peau transparente, et, dans son visage sculptural, ses yeux qui me regardent tendrement, son sourire éclatant...

Réminiscence, en partie, de la veille au soir, où nous sommes allés dîner tous les deux dans un petit bistrot de Neuilly, dont le patron, Berrichon comme moi, fait lui-même la cuisine.

Le grand luxe remonte plus loin, à trois semaines. Le patron d'un des endroits les plus courus de Paris m'avait invité pour me remercier d'une recherche que j'avais effectuée chez lui, quelque temps auparavant.

En principe, je n'accepte jamais ces invitations, mais j'avais senti que je ferais de la peine à cet homme en refusant. Et puis Renée n'était jamais allée dans ce genre d'endroit international, où l'élégance est telle qu'on a l'impression que tous les clients sont milliardaires.

C'est ainsi ; restaurant de grande classe (une seule fois) ou bistrot, peu importe, en principe, nous essayons de sortir une fois par semaine la veille de mon jour de repos.

Avant de sortir, je vide systématiquement mes poches de tout leur contenu policier et j'enlève ma montre. Pourquoi ? Parce que mon boulot se passe les yeux fixés sur cette montre : je minute les performances des chiens, des hommes, nos arrivées, nos départs...

Et, ce soir-là, je ne veux plus être le brigadier de « l'Unité cynophile » (je préfère dire, comme au bon vieux temps, la « Brigade canine »), mais un homme comme les autres : un mari qui sort, heureux, avec sa femme. Nous sommes mariés depuis bientôt trente ans, mais nous avons toujours le même amour l'un pour l'autre.

C'est pourquoi, ce matin, j'ai un sommeil si calme : le souvenir d'une soirée agréable, et au fond de moi-même, au-delà des rêves, je sais que je me réveillerai quand l'envie m'en prendra !

Je suis donc dans mon restaurant de grand luxe. En sourdine, un orchestre invisible joue des airs doux. Un tzigane s'approche de notre table. Son violon chante dans mon songe, pour nous deux...

Et puis, subitement, il grince affreusement, un bruit strident qui me harcèle. Et la voix endormie de mon épouse me rend à la réalité :

— Michel, le téléphone...

J'allonge la main, renversant tout ce qu'il y a sur la table de nuit, y compris ce fichu téléphone que je dois, avec des gestes engourdis, ramasser par terre, mais qui n'arrête pas pour autant de sonner.

Sans ouvrir les yeux, je porte le récepteur à mon oreille.

A côté de moi, le souffle paisible de ma femme qui s'est rendormie. Et, dans l'oreille, une voix familière que je voue à tous les diables :

— C'est Jean-Yves, chef...

— Tu sais pas que c'est mon jour de repos ? Au fait, quelle heure est-il ?

— Ben... heu... cinq heures moins vingt.

— Et c'est à cinq heures moins vingt que tu viens me pomper l'air ! Tu rêves...

Hélas ! non ; c'était moi qui rêvais, il y a quelques secondes encore. Mais lui est bien éveillé. Trop.

— C'est-à-dire que... l'équipe d'intervention est sur le tas et la P.J. vient de me téléphoner puisque je suis de permanence : ils auraient besoin qu'on aille sur le XIXe, et je suis seul.

— Et alors ? C'est quand même pas moi qui...

— Bien sûr, chef... mais je ne savais pas à qui m'adresser...

— Alors, tu t'adresses à ton chef. Et son jour de repos par-dessus le marché !

— Te fâche pas. Je vais y aller tout seul.

Je sens ma femme qui se glisse hors du lit.

Mieux que moi, elle sait comment ça va se terminer.

— Non ! (Ça tient plutôt de l'aboiement féroce que de la voix humaine.) Non, tu n'iras pas seul. J'arrive. Le temps de me passer la tête sous l'eau, d'enfiler un pantalon, et je te rejoins.

Le temps d'enfiler un pantalon... Renée est là, encore toute chaude de sommeil, qui me tend déjà une tasse de café.

La cafetière est toujours prête et il n'y a qu'à brancher l'électricité : le temps de m'habiller, il est fait.

Tandis que je l'avale en faisant la grimace parce que je me brûle, elle me tend mon blouson.

— Couvre-toi bien, il fait froid à cette heure-ci.

Je grommelle quelque chose. J'ai envie de l'embrasser et en même temps de m'engueuler. A neuf heures, elle doit être à son travail... Ce n'est pas une vie que je lui ai faite, à cette belle jeune fille rencontrée un jour de soleil, dans le Limousin, sur le quai d'une gare où nous attendions tous deux le même train.

A travers tout, c'est elle qui a sauvé notre vie de famille.

Dehors, la nuit est sinistre. Je roule entre deux rangées d'arbres noirs.

Cinq heures dix. J'arrive. La voiture de service est là avec Jean-Yves et son chien Uépo.

Des voitures aménagées spécialement pour les chiens. On a pris le coffre, plus une grande partie de l'arrière pour leur faire un confortable habitat.

Que nous, les hommes, soyons un peu à l'étroit n'a aucune importance !

— Excuse-moi..., bredouille Jean-Yves, cependant que Uépo me gratifie d'un grand coup de langue dans le cou.

J'engueule les deux.

Jean-Yves se tait, et Uépo va se coucher en grognant.

En me voyant, Jean-Yves a vite éteint sa cigarette, mais ça sent le tabac. Excellente occasion de râler un peu plus : je ne supporte pas le tabac, et donc que mes hommes fument.

— Tu me prends pour un hareng saur ou un jambon ?

Je suis insupportable, mal embouché, exaspérant. Mes colères sont connues non seulement de mes hommes, mais aussi de l'état-major. Un jour, mon directeur m'a dit :

— Girouille, vous avez de grandes qualités : vous êtes un meneur d'hommes et un lutteur...

Il s'est arrêté dans sa phrase ; j'aurais pu la terminer à sa place : « Mais une tête de mule. »

Seulement, je suis droit, loyal, fiable et franc. Et on peut compter sur moi en toutes circonstances. Cela... mes bonshommes le savent. La preuve !

Mon comportement est d'ailleurs totalement différent dès que je suis au travail. Je deviens aussitôt un « homme tranquille ».

Par radio portative, j'annonce :
— T.P. 271 stup 2 à disposition P.J. Arrivons sur les lieux.
— T.P. 271 stup de Z I. Reçu.

Nous nous arrêtons à cinquante mètres du lieu indiqué.

L'aube commence à percer ; un petit matin sale, maussade.

Une maison de deux étages, du début du siècle, coincée entre les immeubles modernes. Devant, un flic en civil, une voiture radio. Nous nous présentons. Le responsable de l'opération, un inspecteur principal, vient vers nous :

— On vous attendait...

Il se tourne vers moi, surpris :

— Mais ce n'était pas vous que je croyais voir.

— Mes hommes sont sur un autre coup. Nous sommes de renfort.

Il sait que j'aurais pu refuser, mais il me connaît et sait aussi que, pour moi, le travail de l'équipe passe avant tout.

Quand je suis arrivé, lui aussi était en train de piquer une colère.

— Ah ! vous, vous êtes imperturbable, me dit-il, encore furieux. Toujours calme, hein !

Avec la plus mauvaise foi du monde, je réponds :

— Toujours.

Lui m'a toujours vu ainsi. Je jette un coup d'œil sur Jean-Yves qui dissimule un sourire.

Six heures pile : l'heure autorise la perquisition.

Uépo montre rapidement son intérêt pour une trappe qui descend à la cave. Sa respiration s'accélère ; c'est un signe qui ne trompe pas.

Dès que nous ouvrons la trappe, il se précipite dans ce sous-sol qui sert de débarras et nous fait rapidement cadeau de cent cinq grammes d'héroïne.

Ce n'est que le début. Remonté, il veut aller aux toilettes. Ce doit être urgent, car il gratte à la porte en gémissant. Poliment, je la lui ouvre, et là c'est... huit mille francs qu'il me montre, dissimulés dans le papier hygiénique. Toujours la même histoire : il y a eu de la drogue avant qu'il y ait l'argent, et c'est ce relent infime qu'il a senti.

Le chien est dans son élément; mais il y va un peu fort, quand même, en déchirant un canapé. Curieux rembourrage : un revolver !

Pourtant, les gens qui habitent ici semblent normaux : dans la chambre, il y a un couffin paré de nœuds bleus, un de ces couffins dans lesquels on transporte les nouveau-nés. Le bébé n'y est pas, heureusement, ce qui permet à Uépo de retourner le panier d'un coup de museau et de nous regarder avec satisfaction.

En le basculant, il a fait tomber dix mille francs : le bébé a déjà de belles économies !

Je sors de la chambre pour me trouver nez à nez avec deux hommes immobiles dans l'entrée. Deux hommes au visage glacé. Mais il se dégage de ces individus le mépris de l'humain. Pour moi, ils appartiennent au diable !

L'inspecteur leur pose des questions auxquelles ils ne prennent pas la peine de répondre. On est désarmés parce qu'on sent que ce qu'on leur dit ne leur parvient pas.

Des « dealers ». Je hais ces gens qui conduisent aussi froidement des jeunes à la mort : cela ne les concerne pas.

J'ai un traitement pour eux. Les mettre à la drogue et la leur supprimer d'un seul coup. C'est la seule chose qui pourrait leur faire peur.

Eux ne touchent jamais à la drogue.

Retour à notre petit P.C. du lac Saint-James. Jean-Yves tape son rapport. Je pourrais rentrer chez moi, mais je n'ai plus envie. Renée à son travail, la maison est vide. Anne-Marie, ma fille, suit des cours de secrétariat et mon fils, jeune gendarme, est en service.

Je pense, une fois de plus que j'ai fait passer mon travail avant ma vie d'époux et de père. Pour moi, il n'y a jamais eu d'heures ni de jours de repos qui aient compté.

Ce matin encore...

Je double facilement mon temps de service, et j'en demande autant à mes hommes.

MOI, MICHEL GIROUILLE

Passionné, je ne peux pas comprendre qu'on le soit moins que moi.

D'où mes coups de gueule.

Une équipe arrive, puis une autre. Les hommes s'étonnent à peine de me voir là alors que je suis censé n'être pas en service. On parle de ce qu'on a fait ce matin, les uns et les autres. Quand un maître-chien rencontre un autre maître-chien, qu'est-ce qu'ils se racontent ? Des histoires de... chiens !

Pour mon jour de repos je vais, comme à l'habitude, aller déjeuner avec eux.

Mais, auparavant, notre récompense à tous : nous allons promener et faire jouer les chiens dans le bois de Boulogne. Ils courent après une branche, une feuille, levant, sans respect, une patte contre un arbre.

Après quoi, ils seront enfermés dans les voitures, le temps que nous, les hommes, prenions notre repas.

Nous mangeons tranquillement, mais la radio sur la table, comme toujours, dans le cas d'un appel urgent.

Après le déjeuner — et avant de reprendre le service —, nouveaux jeux avec les chiens.

« Leurs » chiens. Blond et noir, leurs grandes oreilles en pavillon, dressées ; toujours prêts à jouer comme à travailler, mais obéissant immédiatement à l'ordre donné.

Une fois de plus, ces bergers allemands m'étonnent : ils ont une facilité déconcertante pour éviter les pièges que nous leur tendons et de troublantes et brillantes capacités qui, parfois, m'ont fait me poser des questions.

Mes équipes se sont dispersées. Je rêvasse en flânant autour du lac. Le printemps commence. Un bruit de rame sur le lac : une barque de promeneurs. Plus loin, une jeune femme regarde jouer son bébé. Un jardinier passe. « Belle journée, chef ! » Une péripatéticienne me sourit : « Salut, bourgeois ! »

DES CHIENS AU SERVICE DES HOMMES

Je devrais être heureux, détendu, et, au lieu de cela, je peste tout seul, pour ne pas en perdre l'habitude...

J'ai un sujet tout trouvé : les fonctionnaires qui ne pensent qu'à deux choses : respecter les heures de travail (comme si les terroristes les respectaient, eux !) et avoir les cheveux coupés réglementairement.

Brigadier, j'ai trois équipes sous mes ordres. Des chiens que j'aime bien, qui me le rendent.

Mais qui ne sont pas « mes » chiens.

Kiri et Vanzy, mes bergers allemands... Je commence à me dire que, de leur temps, c'était la belle époque.

Quelque temps après ces réflexions un peu désabusées, j'ai reçu la croix de l'ordre national du Mérite. Elle m'a été remise par le directeur des services généraux à la Sécurité publique de Paris.

Des extraits de son discours sont restés gravés dans ma mémoire. Je m'en souviens lorsque le cafard me prend.

Ce jour-là, j'ai été récompensé de ce que j'avais fait, et j'ai oublié tout ce qu'on m'avait fait.

« ... *Mon cher Girouille, je me suis longuement penché sur votre dossier administratif et je n'ai trouvé qu'éloges et félicitations du plus haut degré, en somme une carrière exemplaire...*

« *Alors, mon cher Girouille, que dire d'une carrière qui n'est pas finie et qui a été aussi exemplaire ? Une seule chose : le pays s'honore quand il récompense un fonctionnaire comme vous. Et, plus encore que le policier auquel il rend hommage, je crois qu'il veut consacrer le technicien cynophile et l'ami des chiens.*

« *Qu'êtes-vous le plus, Girouille : un moniteur cynotechnicien du plus haut niveau, pour ne pas dire le meilleur, et un précurseur (c'est ce que je pense, mais je ne veux vexer personne) ou, plus encore, l'ami des chiens ?*

« *Il est très difficile de faire un choix. Moi, je penche un peu pour l'ami de nos frères à quatre pattes.*

« *En avez-vous écrit, des traités, des ouvrages à ce sujet et qui font autorité ! Et quel développement vous avez donné à l'Unité cynophile, autrefois uniquement composée de chiens de patrouille et de pistage !*

« N'êtes-vous pas le père du chien de drogue, du chien d'explosifs que le monde entier nous envie et nous copie ?

« Deux des chiens ne vont-ils pas partir pour le sommet arabe du Koweit dans quelques jours ?...

« A chacune de ces spécialités, vous avez apporté votre technique, résultat de vos recherches, vos conseils et surtout un immense dévouement et votre disponibilité de chaque moment.

« Ainsi, insensiblement, mon cher Girouille, vous êtes devenu une grande figure de notre maison, et d'une renommée que je n'ose pas dire internationale, mais certainement nationale.

« C'est de tout cela, aujourd'hui, que l'État, sur la proposition de vos chefs, veut vous récompenser, et ce n'est que justice.

« Il veut remercier également, à travers vous, tous vos camarades spécialisés de l'Unité cynophile, qui nous ont toujours aidés, et dont je me plais à saluer la présence aujourd'hui. »

Mais, ce qui m'a le plus profondément touché dans ce discours plus humain qu'officiel, c'est sa fin.

« Pourtant, au moment de vous remettre cette croix, il me vient un regret, celui de ne pas en avoir deux : une autre pour votre épouse, car n'a-t-elle pas participé toute sa vie, voire subi cette vie que vous avez entièrement consacrée à votre métier ? Qu'il me soit permis ici, Girouille, de la saluer et de la remercier, tout en vous assurant de ma profonde amitié et de la reconnaissance de la préfecture de police. »

Si jamais une femme a mérité ces compliments, c'est bien la mienne !

3.

LE BON VIEUX TEMPS

J'ai été élevé par deux hommes : mon grand-père, bûcheron, et son copain Eugène, le garde-chasse.

Tous les deux faisaient partie de la forêt, comme un arbre, un renard...

Mon grand-père, sec comme un sarment, toujours vêtu de noir, même pour travailler ; Eugène, rougeaud, rondouillard, culotte de velours, bottes, et fusil sur l'épaule.

C'est eux qui m'ont donné le goût des bois, et Eugène, plus particulièrement, celui des chiens.

Enfant de la guerre, réfugié à la campagne, cela allait influer sur toute ma vie.

Si Eugène m'avait fait aimer les chiens — il avait le plus affreux bâtard que j'aie jamais vu —, il m'avait aussi appris des rudiments de dressage qui, par la suite, m'ont servi de référence.

« Tu ne dois jamais battre un chien. T'as qu'à lui pincer l'oreille et le regarder dans les yeux, ça suffit. (Je le fais toujours !)

« Ça sert à rien de dérouiller un chien... Et puis il faut qu'un reproche soit toujours équitable. Le chien n'aime pas l'injustice.

« N'oublie pas, il y a quatre choses pour obtenir ce qu'on veut de lui : le regard, le geste, l'inflexion de la voix et le reproche juste.

« Et puis flatte-le quand il a obéi. Parle-lui, dis-lui : " C'est bien. Tu es un bon chien. " »

C'est ce que m'a dit plus tard le brigadier Dubut, mon chef, quand j'étais encore un jeune flic.

Je n'ai jamais oublié les leçons d'Eugène. Mais il y a une autre chose qu'il m'a dite et dont je me suis souvenu quand, à mon tour, j'ai eu des hommes à diriger :

« Faut dresser l'homme avant de dresser le chien. »

Une maxime à écrire en lettres d'or. Et dont j'ai fait, par la suite, ma ligne de conduite.

Ce sont sûrement Eugène et mon grand-père qui ont déterminé ma vocation. Très tôt, il m'a fallu deux choses pour que ma vie soit celle que je voulais : un chien et une forêt.

A l'époque — c'est en 1961 —, j'ai vingt-deux ans et tout pour être heureux : une femme que j'aime, un bébé qui vient de naître et, grâce à cette naissance, l'administration m'a alloué un pavillon aux Sablons, dans le bois de Boulogne, me permettant ainsi de retrouver l'espace dont mes deux vieux m'avaient donné le goût.

Le premier matin où j'ai été réveillé, de nouveau, par le chant des oiseaux, je me suis senti un autre homme. J'aurais entendu le « han ! » du bûcheron de mon grand-père que je n'en aurais pas été étonné.

Une seule chose manque à ce bonheur pour qu'il soit parfait : réaliser ce rêve d'enfant dont le responsable est Eugène et qui, curieusement, m'a conduit à la police. Simple flic pour l'instant, je n'y suis entré en fait que... pour avoir un chien !

On compte alors vingt-quatre mille agents à Paris et, sur ces vingt-quatre mille, sept seulement sont ce que je veux être : maître-chien. J'ai donc — je l'ai calculé — 0,003 % de chance de le devenir.

Ai-je dit que j'étais un incurable optimiste ? Et j'ai bien raison : c'est du XVIe arrondissement, où je viens d'être affecté, que dépendent tous les maîtres-chiens !

23

Le commissaire éclate de rire quand je lui dis tranquillement :

— Je voudrais être muté « aux chiens ».

— Eh bien ! vous ne manquez pas de toupet ! Vous venez d'arriver et vous demandez déjà l'impossible.

Pendant dix-huit mois, une fois par semaine, j'ai été lui rabâcher la même rengaine.

Je ne suis pas seulement optimiste, je suis têtu.

Et, au bout de ces dix-huit mois — mon commissaire n'en pouvant sans doute plus de m'entendre —, mon rêve est devenu réalité.

Je patrouille donc maintenant dans ce bois dont je me sens un peu le maître... Je le parcours avec Kiri.

Kiri, mon premier berger allemand.

Mon chef, le brigadier Dubut, de célèbre mémoire parmi nous, m'avait donné un chien... à promener ! Un berger allemand sympathique, presque entièrement noir. Mais enfin ! Le « promener », comme une vieille dame sort son petit caniche pour lui faire faire pipi... j'en avais gros sur le cœur.

Je ramène le chien et Dubut me dit, avec son sourire bienveillant et malicieux :

— Ce chien, qu'est-ce que tu en penses ?

— On s'est bien entendus... il est sympa.

J'ai dit cela du bout des lèvres, mais c'était quand même vrai.

— Eh bien, dans ce cas, garde-le. C'est ton chien. Il s'appelle Kiri.

Impossible de décrire ma joie. C'était comme si j'avais un nouveau gosse.

Et sa joie à lui, ce chien, en entrant dans « son » foyer, dans « sa » famille ! Il fait tout de suite la fête à Renée : il sait, il « sent », mon affection pour elle, et donc il l'aime. Et puis cette découverte merveilleuse, un bébé : Bernard, mon fils... qui devient immédiatement celui de Kiri. Avoir un petit d'humain à soi...

Un jour, Bernard a dans les dix-huit mois et trottine sur

LE BON VIEUX TEMPS

quatre pattes un peu partout. J'ai été en ronde de nuit et, rentré à cinq heures du matin, je dors profondément lorsque Renée me réveille, bouleversée :

— Michel... Bernard a disparu pendant que j'étais dans la cuisine. Je ne sais pas comment ça s'est fait ; subitement, il n'a plus été là.

Comme si un bébé de dix-huit mois allait demander la permission à sa maman pour partir en expédition !

Je la rassure :

— Il n'est pas bien loin... Dans la salle à manger ?

De la tête, elle fait « non ».

— Et le jardin ? Tu as pensé au jardin ?

— Bien sûr ; il n'y est pas.

Je commence, moi aussi, à m'inquiéter. Petit Bernard n'a quand même pas pu ouvrir la grille du jardin pour aller se promener dans le bois ! Il est sûrement ici...

Et, soudain, mû par une impulsion irraisonnée, je cours vers la niche.

Ils sont là tous les deux, Bernard et Kiri, pattes dans les bras l'un de l'autre...

Kiri me regarde.

Un regard qui dit tout : le bonheur, l'amour, et qui supplie aussi :

« Ne le réveille pas. Il dort si bien. Tu vois, moi, je ne bouge pas. Je ne remue même pas la queue pour te dire bonjour... »

Avant de nous mettre au « travail », Kiri et moi, il allait falloir que nous allions à l'école. La seule que connaissaient maître et chien, il y a une trentaine d'années, et dont l'enseignement reste toujours la base de l'éducation canine. Des bergers allemands, bien sûr, mais aussi de tous les chiens bien élevés.

Ce n'est pas en faire « un chien de cirque » que lui apprendre ce que j'appellerai la « politesse » ; et cela rend le chien heureux, car il établit ainsi une communication avec « son » homme.

Les maîtres (ou maîtresses) actuels, que ce soit d'un caniche ou d'un doberman, feraient bien d'appliquer ces quelques principes, pour le bonheur du chien qui aime apprendre, pour leur tranquillité à eux et pour celle des autres.

Un chien mal élevé, c'est comme un enfant mal élevé : ce n'est pas lui qui est responsable, mais ses parents.

Et les « parents » du chien, c'est son maître.

Cet enseignement primaire tient en quelques leçons de quelques mots, qui sont vite appris :

Oui : tout ce qui est permis.

Non : tout ce qui est défendu.

Assis... Couché... Pas bouger.

Au pied est le « rappel ». Ce n'est pas, comme on le croit souvent, un signe d'esclavage ; il s'agit d'empêcher le chien de divaguer à droite et à gauche, levant la patte n'importe où. Maintenant que la crotte canine coûte plus cher que le caviar, cela peut être utile !

Mais c'est aussi un mot qui peut lui sauver la vie en l'empêchant de traverser, comme un fou, un chemin ou une rue, au risque de se faire écraser.

De lui-même, d'ailleurs, il ajoutera par la suite d'autres connaissances à celles que l'homme lui a communiquées, parce qu'il a appris à écouter. Peu à peu, il retiendra des mots et en apprendra le sens. Le berger allemand peut connaître jusqu'à cent quarante mots. C'est suffisant pour une conversation !

Évidemment, après l'école primaire, nos chiens, eux, passaient aux classes supérieures. Ils apprenaient, comme les enfants actuels, ce qui allait être leur « métier ».

A l'époque, ce n'était pas encore l'E.N.A. ni Polytechnique.

D'abord, des exercices d'assouplissement. Il faut que le berger allemand soit apte à passer partout, à être à son aise dans les endroits les plus divers et les plus invraisemblables.

Aujourd'hui on a encore augmenté les difficultés pour en faire une spécialisation : les chiens de catastrophe.

A l'époque, c'était pour les préparer aux patrouilles et aux pistages. Leur savoir n'allait pas plus loin.

Nous leur apprenions ensuite à « chercher » en leur faisant sentir les effluves d'un objet. Combien d'enfants perdus n'avons-nous pas retrouvés grâce à ce développement du flair !

A vaincre leur peur, aussi : on les faisait passer — à la grande joie des spectateurs lors des démonstrations — dans des cerceaux enflammés.

Pas question de les faire brûler vifs ! D'ailleurs, ils ne s'y seraient pas prêtés... Mais il fallait qu'au cours d'une recherche ils puissent traverser sans crainte un léger rideau de flammes ne présentant pas de danger réel... et qui leur permettrait, peut-être, de sauver une vie.

Là encore, c'était, sans que nous le sachions, l'apprentissage du « chien de catastrophe ».

Enfin il y avait la « défense du maître », ce qui n'est que le développement d'une qualité innée : le chien-loup défendra toujours son maître si celui-ci est attaqué.

En revanche, jamais nous ne les avons dressés à l'attaque.

C'était très à la mode, ça l'est toujours et même de plus en plus, malheureusement, à une époque où les hommes sont trop portés à se faire justice eux-mêmes.

Les humains font passer leur agressivité, qu'ils n'osent pas exprimer, par leurs chiens. Cela peut provoquer de terribles accidents si l'animal n'est pas contrôlé, ce qui est presque toujours le cas.

Dans la police, tous les matins, le chien refait les exercices appris. Quel est l'amateur qui s'astreindra — ou qui aura le temps — à en faire autant ?

Cette agressivité acquise entraîne la détestation du berger allemand. Ce chien, le plus doux et le plus pacifique qui soit, est devenu pour beaucoup le symbole de la méchanceté.

La petite pancarte « chien méchant » apposée sur la porte des pavillons m'a toujours fait voir rouge.

DES CHIENS AU SERVICE DES HOMMES

De même que cette mère, dans le bois de Boulogne, qui, d'un mouvement instinctif, retient sa petite fille, courant joyeusement vers Kiri.

— Ne touche pas au chien. C'est un berger allemand. Ils sont très méchants... Reviens tout de suite !

Je me tourne vers elle :

— Ce chien « méchant », madame, a retrouvé, la semaine dernière, deux petites filles qui s'étaient perdues dans un bois. Mais il a mis le triple du temps nécessaire parce qu'une maman comme vous avait inculqué à ses enfants la peur du berger allemand. Les fillettes fuyaient à toute vitesse quand elles apercevaient le chien...

Elle me regarde, un peu interloquée, un peu gênée...

Je dis à Kiri :

— Assis. Donne la patte à la petite fille.

Ce qu'il fait, joyeusement, avec un coup de queue en plus, pour marquer son plaisir.

La gamine rit en prenant la grosse patte du chien.

— Mais enfin, poursuit la mère, les journaux n'inventent pourtant pas quand ils racontent ces agressions par des chiens.

Non, c'est vrai. Mais ce qu'on ne dit pas, c'est que l'homme en est le seul responsable.

Et je lui explique ce « dressage » qui va faire de ce chien — pas nécessairement un berger allemand, ce peut être un doberman, un bas-rouge... — la « bête féroce » que l'on dit.

Ils ont reçu une « éducation sauvage » — c'est le terme consacré — par de soi-disant maîtres-chiens.

Cela se passe de nuit, le plus souvent, alors que le chien, comme l'homme, a besoin de dormir, et, comme l'homme, est de « mauvais poil » parce qu'on l'en empêche. On braque sur lui de puissants sunlights qui l'aveuglent et le rendent encore plus nerveux. Il est dans un enclos avec le dresseur (le « dompteur », plutôt), et un comparse, de l'autre côté, frappe de toutes ses forces, contre la barrière qui les sépare, avec un sac, du genre sac à pommes de terre, rempli de ferrailles, ce qui produit un tintamarre effroyable.

Bruits, cris, mouvements désordonnés, la lumière aveuglante, les hurlements : « Attaque... attaque... »

Au bout de quelques semaines de cette éducation « sauvage », n'importe quel animal paisible devient, en effet, une bête « féroce ».

A cela, le propriétaire du chien pourra ajouter le « trolley ».

Une célèbre artiste, grande amie des animaux, s'en servit du temps de son vedettariat.

Une corde est tendue devant une propriété. Un ou deux chiens y sont reliés par une longue laisse se terminant par une boucle glissant sur la corde, leur permettant ainsi de se déplacer tout au long, mais sans pouvoir aller plus loin.

Malheur à celui qui aurait alors la mauvaise idée de s'en approcher !

Est-ce le chien, vraiment, qui serait responsable du déchiquetage qui s'ensuivrait ?

J'ajouterai que ces « moniteurs », ou « leaders » — comme ils prennent plaisir à s'appeler eux-mêmes — ne sont évidemment pas reconnus, et qu'ils sont même dénoncés par les clubs affiliés à la Société centrale canine. Ces mêmes hommes ont fait une autre trouvaille : le collier électrique !

Si le chien n'obéit pas assez vite, une bonne secousse électrique le rappelle à l'ordre.

C'est un progrès ! On se servait autrefois du collier à clous...

Un collier de cuir « orné » de clous, non pas à l'extérieur, mais *à l'intérieur*, sur lequel le maître tirait.

On y a renoncé parce que les clous, en s'enfonçant dans la chair, déchiraient souvent la fourrure de l'animal et lui enlevaient ainsi de son prix.

Le berger allemand « civil » doit simplement empêcher les étrangers à son « domaine » d'entrer. Il le fait de lui-même, sans dressage : en posant ses pattes sur les épaules de l'inconnu et en le repoussant.

Je ne connais pas beaucoup de voyous qui résistent à cet argument.

Une fois « dressés », Kiri et moi nous sommes mis au travail.

D'abord, les rondes à travers le bois de Boulogne où tout le monde, très vite, avait appris à nous connaître : les prostituées qui m'appelaient « le bourgeois », les gardes, les jardiniers, tout ce menu peuple dont le bois était le territoire, ainsi que les joueurs de pétanque, les nourrices — il y en avait encore à l'époque, en costume et bonnet à ruban, promenant leur bébé dans des landaus... Ça ne remonte pas si loin, pourtant !

Mais les voyous aussi, que Kiri, sans un aboi, sans même montrer les crocs, savait tenir en respect.

Il y avait d'autres pistages qui sortaient de l'ordinaire de nos rondes.

Une nuit — une nuit qui allait me hanter longtemps — le commissariat me fait savoir qu'un cadavre lui a été signalé dans le bois par un coup de fil anonyme.

Seule précision : « A côté d'une allée cavalière. »

Je suis avec mon assistant, Roland, et Kiri. Ronde finie, nous nous apprêtions à rentrer chez nous.

Et nous voilà repartis.

Muni, en tout et pour tout, d'une information plus que vague et d'une lampe de poche, c'est sur mon chien, uniquement, que je compte. Des allées cavalières, il y en a des kilomètres dans le bois !

Mais comment expliquer à Kiri ce que j'attends de lui ? Il n'y a pas de début de piste, aucun effluve, si léger soit-il, à lui faire humer. Le chien, pourtant, gémit doucement en me regardant ; il sent qu'il y a quelque chose...

Je dispose d'un mot, c'est tout :

— Cherche.

Il part devant nous, mettant toute sa bonne volonté à chercher... mais quoi ?

Je répète : « Cherche », et, comme cela m'arrivera souvent

LE BON VIEUX TEMPS

par la suite, je « sens » un contact s'établir soudain entre lui et moi.

Certains savants avancent qu'entre chien et maître il existe une forme de télépathie. Je serais porté à le croire.

Noir, au milieu de ces arbres, de ces buissons noirs, j'ai perdu Kiri de vue, mais, émotionnellement, je reste lié à lui. C'est sans hésitation que je le suis, alors qu'en fait j'ignore où il se trouve.

Un bruit furtif au loin, une branche qui se casse, une feuille qui tombe... Il peut être aussi bien tout proche qu'à plus de cent mètres.

Les minutes passent, inquiétantes, angoissantes.

Et puis subitement, très loin, un aboiement.

Un aboiement prolongé, long hurlement de loup qui se termine en plainte.

Roland et moi nous mettons à courir.

A vingt mètres d'une allée cavalière, mais à un endroit où personne ne passe, oreilles couchées, poil hérissé, Kiri est tourné vers un frêle corps de jeune fille que l'on devine plus qu'on ne le voit. On jurerait qu'elle dort, si ce n'était cette blessure sanglante à la gorge.

Heureusement, tous mes souvenirs du bois ne sont pas aussi tragiques.

Il en est même de franchement drôles.

Comme ce jour où Kiri, à la recherche d'un cambrioleur blessé, nous a conduits dans un hôpital, où, sans se préoccuper des interdits, il nous a menés droit aux « urgences », où notre voleur se faisait soigner.

Je revois encore les visages effarés, indignés, des médecins et des infirmières !

Et cette voiture, tous feux éteints, devant laquelle Kiri s'est arrêté.

Voiture volée, abandonnée, accidentée ?

Un gémissement intermittent s'en échappe. Roland ouvre la

porte et je dirige ma lampe électrique sur des fesses qui se présentent dans toute leur rondeur. Une position qui ne laisse aucun doute, surtout quand par-dessous on aperçoit une blonde chevelure.

Et l'homme, complètement nu, qui sort à reculons et s'écrie avec le plus bel accent d'outre-Manche :

— Alors, si au pays de Rabelais, on ne peut plus baiser en paix !

Un autre soir, je rentre chez moi. C'est l'hiver : une petite gelée dure me pique la peau à travers le gros pull que Renée m'a tricoté et qu'elle m'a heureusement forcé à mettre en ce premier jour de décembre.

Au détour d'un sentier désert surgit un garçon de dix-huit ans environ, le chef d'une bande de six ou sept loulous et quelques filles : les pires ! Elles harcèlent les garçons qui ne veulent pas se dégonfler devant elles.

Et c'est le traditionnel :

— Salaud de poulet !

Ce ne serait pas grave si, en ricanant, et aussitôt imité par tous les autres, il ne sortait pas la chaîne de vélo, à la mode chez les voyous à l'époque, et ne commençait à la faire tournoyer en s'avançant vers moi.

Je ne suis pas spécialement peureux, mais, seul dans le bois, à minuit, je n'aurais pas donné cher de ma peau — la faire à un flic, quelle gloire ! — si je n'avais pas eu Kiri.

Noir dans le noir, les gars ne l'avaient pas encore vu. Je ne l'ai pas pour autant lâché. Simplement sifflé.

Il est venu se mettre devant moi avec ce sourd grondement de la gorge qui avertit : « N'approchez pas ! »

Ils ont reculé, d'abord lentement, et puis, d'un seul coup, ils sont partis en courant, s'égaillant dans le bois. Dans le lointain, j'entendais les cris aigus des filles.

LE BON VIEUX TEMPS

Je revois aussi ce voyage en Allemagne, où les maîtres-chiens français avaient été invités par leurs homologues de Bonn.

Toute une brigade est là pour nous accueillir avec de bruyantes démonstrations. Il faut dire que nous faisons notre petit effet quand nous arrivons dans le car mis à notre disposition par la préfecture de police.

En alternance sur les sièges, un homme, un chien. Nos bergers allemands raides comme la justice. L'ordre leur a été donné : « Pas bouger. »

Le soir, grand dîner. Nous en sommes au schnaps quand le brigadier allemand, un immense gaillard blond, hurle : « Silence ! »

Il se lève, le verre à la main, et prononce une courte phrase que nous traduit l'interprète :

— Portons un toast à l'ensemble des chiens !

Nous le portons tous, Allemands et Français, au milieu des acclamations. Mais ce n'est pas fini.

— Messieurs, je demande qu'un toast spécial soit porté en l'honneur du meilleur chien parisien : Kiri !

C'est bien de mon chien qu'il s'agit ! Je ne m'y attendais pas.

Et c'est d'autant plus flatteur que les chiens allemands obtiennent des résultats remarquables.

Après trois jours de bombance, je rentre chez moi, épuisé. Mais le récit de mon voyage que j'ai fait à ma femme m'a tellement excité que j'ai dû prendre deux comprimés de somnifère pour arriver à m'endormir.

Il doit être tard quand Renée me secoue.

Sa voix m'arrive à travers un brouillard :

— Michel, j'entends du bruit. Il y a quelqu'un dans la maison.

Je marmonne d'une voix pâteuse :

— Avec Kiri ! Il aurait aboyé. Tu n'as qu'à aller voir, si tu ne me crois pas.

Qu'avais-je dit !

Un « oh ! » suraigu m'arrache, une fois de plus, au sommeil. Je tâte le lit à côté de moi. Mon épouse n'est plus là.

Du coup, me voilà réveillé. Je me précipite hors de la chambre qui est au premier étage, en criant :

— Renée !

Je n'oublierai jamais le spectacle qui s'est offert à mes yeux.

A mi-escalier, ma femme, en nuisette transparente... En bas, en rond, des collègues en tenue, plus le maître-chien qui habite le pavillon en face du mien. Renée remonte précipitamment en me jetant, vengeresse :

— Je t'avais bien dit qu'il y avait quelqu'un !

Quelqu'un... Ils sont six !

Je n'y comprends rien !

— Qu'est-ce que vous foutez là ? Chez moi...

— On a cru qu'il t'était arrivé quelque chose...

Je me tourne vers mon voisin.

— Et toi ? Qu'est-ce que tu glandes là ?

— Ils sont venus chez moi. Ça ne répondait pas chez toi. Ils se sont inquiétés.

— Ça ne pouvait pas répondre, j'ai coupé la sonnette pour être tranquille et vous venez me pomper l'air... A trois heures du matin ! Si c'est une blague...

Il faut voir tous ces hommes en uniforme, la tête levée vers moi, qui, deux mètres au-dessus d'eux, en pyjama, les agonit d'injures.

— C'est le principal qui nous a envoyés...

Je les coupe :

— Ça ne me dit pas comment vous êtes entrés !

— Par la porte, me répond un collègue, qui s'énerve à son tour. Elle n'était pas fermée.

J'étais si fatigué, la veille, que j'avais oublié de pousser le verrou.

Le plus étonnant, c'est que mon chien n'ait pas aboyé. Il dormait. Crevé. Lui aussi avait passé trois jours en Allemagne ; et l'odeur de la flicaille, c'est celle qu'il connaît le mieux... Une odeur qui ne le dérange pas !

LE BON VIEUX TEMPS

— On a appelé, continue le gars. Personne n'a répondu. On s'est inquiétés et on a été réveiller ton voisin. Lui aussi a cru qu'il s'était passé quelque chose. Alors on est revenus chez toi.

Le maître-chien qui connaissait l'emplacement des interrupteurs avait tout allumé... juste au moment où ma femme arrivait !

Autre souvenir ; attendrissant, celui-là, que cette maman qui s'inquiète de ne pas voir son fils Bruno, un enfant très sage, rentrer à quatre heures de l'école... Les heures passant, elle se rend au commissariat, qui me prévient.

Nous arrivons, Kiri et moi, au domicile des parents. Mis rapidement au courant, je demande un vêtement du petit garçon pour le faire sentir à mon chien.

C'est une femme bien, cette jeune mère. Sans cris, sans larmes, efficace et ne perdant pas son sang-froid.

Elle essaie de nous aider au maximum, mais je devine son anxiété sous ce calme apparent.

Or, à la surprise de tous, au lieu de quitter la maison où l'enfant n'est pas rentré, Kiri monte sans hésitation à l'étage supérieur et s'arrête devant une porte.

Nous frappons. Personne ne répond. La mère de Bruno nous dit ne pas savoir qui habite cet appartement. Dans les grands immeubles parisiens, on ne connaît pas ses voisins.

Malgré le silence qui règne dans l'appartement, il y a de la lumière, et Kiri gratte à la porte, sûr de lui.

« Il faut enfoncer la porte », décide le brigadier qui nous accompagne.

On y va donc, de toutes nos forces, et on découvre... deux mômes assis par terre et ronflant. Près d'eux, un paquet de gitanes et une demi-bouteille de Ricard aux trois quarts vide.

Bruno, l'enfant sage, était monté à l'étage au-dessus que lui connaissait parce que c'était là qu'habitait un de ses camarades d'école. Les parents étant absents, ils avaient fait la fête !

Cela a valu à Kiri sa première « une » dans les journaux !

Malheureusement, les recherches d'enfants n'ont pas toujours une fin aussi heureuse.

C'est au bord de la Marne que Kiri nous a conduits à la recherche d'un autre garçonnet.

On l'a retrouvé, sur les indications du chien... noyé. Je n'oublierai jamais le désespoir de la mère.

— Tu veux que je te fasse une tasse de café ? Ça te tiendra éveillé.

Le dîner fini, je feuillette vaguement un journal. Renée termine la vaisselle. Les enfants sont montés se coucher, et ma femme va bientôt en faire autant. Quant à moi, je suis de permanence. Ce qui veut dire que, sur un coup de fil, Kiri et moi nous devrons partir immédiatement.

— Tu es fatigué.

Ce n'est pas une question. Une constatation. Comme elle me connaît bien, celle que j'appelle toujours « mon éternelle fiancée » !

Je pense que c'est cela, l'amour : cette parfaite union entre deux êtres qui font que l'un devine toujours les pensées, les sensations, de l'autre.

— Oui, je veux bien.

A mes pieds, Kiri bâille. C'est vrai que lui et moi nous avons eu beaucoup de travail ces derniers temps.

Et puis d'un coup, réveillé, il dresse les oreilles en même temps que le téléphone sonne. Cette sonnerie est pour lui, sans aucun doute, le signal d'une aventure. Il « sait », et ne se trompe jamais.

Je décroche.

— C'est le maître-chien ? Rendez-vous à la cité des Pâquerettes pour un pistage. Un homme s'est enfui après avoir grièvement blessé sa femme.

Comme ça tient en peu de mots, un drame...

Renée me tend une tasse :

— Bois-le avant de partir. Je te l'ai fait très fort.

Kiri, lui, est déjà à la porte.

Une demi-heure plus tard, nous arrivons devant une bâtisse immense, lugubre. De pâquerettes, pas l'ombre d'un pétale.

Un petit groupe de policiers est massé devant deux cars, regardant partir l'ambulance, sirène en marche.

Seule une fenêtre est éclairée au deuxième étage, tranchant sur le noir de l'immeuble.

— Le gars a défoncé le crâne de sa femme, et puis a sauté par cette fenêtre.

On me désigne le carré éclairé. Un geste vague vers l'ensemble des bâtiments.

— Il s'est enfui par là...

La nuit est brumeuse, ce qu'on peut rêver de pire pour chercher une piste.

J'amène Kiri à l'endroit où l'homme a atterri. Un policier me tend une veste :

— C'est à lui.

Je la fais sentir au chien.

— Cherche... piste.

Et il démarre, sans marquer aucune hésitation. Nez au sol, il sait où il va.

Derrière moi, j'entends les collègues :

« Le chien a trouvé une piste. »

Ça les remue drôlement. Le principal, un homme pourtant d'un certain âge, est le premier à courir derrière Kiri.

Nous sommes tous écœurés par ce crime. Tous, nous pensons à cette femme agonisant à l'hôpital ; aux enfants, seuls derrière cette fenêtre, sans personne près d'eux. Mes collègues ont vu le spectacle, et me l'ont raconté : « Un beau massacre... et les mômes qui ont assisté à ça... Leur père, leur mère ! »

C'est pourquoi, cette chasse à l'homme, nous la faisons avec rage, une sorte de désespoir.

Cette cité, dont nous ne voyons que les masses sombres dans la nuit, est immense. Suivant le chien, nous prenons une allée transversale ; encore deux cents mètres et Kiri tourne à gauche. Je vois surgir devant moi un nouveau bloc, identique au premier.

Le chien entre directement dans le hall et... s'arrête et s'assied !

Je sais ce qu'il veut me dire : il a besoin de sentir à nouveau les effluves de celui que nous cherchons. Je mets la veste sous sa truffe. Il la sent longuement et il repart.

Un escalier. Kiri le prend. Il monte très vite, s'arrête au premier et se dirige vers l'appartement qui est au fond du couloir. C'est tellement clair qu'on s'attend à l'entendre dire : « C'est ici. »

Deux collègues descendent au galop pour se renseigner, auprès du gardien de l'immeuble, sur les locataires de cet appartement. Nous les attendons en silence. Kiri s'est couché : voilà du travail bien fait !

Les agents remontent. Le concierge leur a confirmé la découverte de Kiri : ce sont des copains du criminel qui habitent là. Il s'est sûrement réfugié chez eux.

Nous frappons à la porte. Personne ne répond. Au silence succède alors le bruit que peut faire un groupe de policiers hurlant :

— Police. Ouvrez !

Et derrière la porte une voix effrayée :

— Qu'est-ce que c'est ?

— Nous cherchons monsieur O...

La porte s'entrebâille sur un homme en tee-shirt et pantalon, l'air inquiet, mal à l'aise. On devine qu'il y a quelqu'un derrière lui.

— Ah oui !... je le connais... Mais je ne l'ai pas vu depuis longtemps.

Il ne nous demande même pas pourquoi nous le cherchons !

Kiri s'est relevé et tâche de pousser la porte, ce qui renforce encore notre certitude. Mais nous ignorons si O. n'est pas armé. Si, en ce moment, il ne menace pas l'homme qui est devant nous.

LE BON VIEUX TEMPS

Le principal s'avance et, courtois :
— Merci, monsieur.
Et, à voix très forte :
— Bon, c'est fini. On s'est trompés. On rentre.
Nous redescendons tous. Si quelqu'un nous guette par la fenêtre, il peut voir passer tous ces flics en uniforme... laissant derrière eux des inspecteurs en civil qui n'ont eu qu'à cueillir l'assassin quand, persuadé que la police était partie, il est sorti pour s'enfuir.

La drogue, après l'Amérique, commençait à envahir la France.
J'avais l'orgueil de mon métier et de mon chien.
Certes sa carrière était bien remplie : recherches d'enfants, arrêts de cambrioleurs — et même d'un assassin —, pistages et rondes.
Mais pourquoi ce merveilleux pisteur ne trouverait-il pas aussi de la drogue ? J'étais modeste ; je me cantonnais dans le Chirra à l'odeur forte.
Les drogues dures : héroïne, cocaïne, L.S.D., n'avaient pas, pensais-je, de senteurs assez marquées pour qu'un chien puisse les humer.
Par la suite je changerai d'avis, mais ceci est une autre histoire qui se nomme Vanzy.
Pour l'instant, je recherchais le H sous toutes ses formes, et ce fut un triomphe quand, pour la première fois, en 1965, un chien de police — Kiri, en l'occurrence — en trouva.

Il s'agissait d'une petite colonie hippie qui habitait dans une maison tout à fait bourgeoise... Nous arrivons devant un très bel immeuble où, pour un peu, les habitants nous embrasseraient.
— Enfin ! nous dit le gardien avec un grand soupir. On n'en peut plus. C'est au troisième, vous verrez.

Nous avons vu.

Un barbu, ventru, enrobé de voiles dégueulasses, nous ouvre la porte.

— Police !

— Je vous interdis...

Il a une voix haut perchée de travelo qui ne va pas avec sa barbe broussailleuse.

Ignorant ses imprécations, nous entrons.

Il vaut mieux ne pas regarder sur quoi on marche : les tessons de bouteilles, les mégots, les trognons de pain moisi font un tapis répugnant. Kiri avance sur la pointe des pattes, dégoûté... Ce n'est pas lui qui tolérerait de tels détritus dans sa niche.

Partout règne cette odeur qu'exhale le fatras immonde des poubelles, mêlée à celles des parfums bon marché, de crasse, d'encens, de pourri.

Elle nous assaille, et je crains qu'elle ne désoriente Kiri. L'odeur de la drogue, quasiment imperceptible, doit être complètement dissimulée sous ces senteurs violentes.

Dans une pièce qui a dû autrefois être belle, aucun meuble, mais, sur les murs, les soixante-neuf positions du *Kāma-sūtra* dessinées avec beaucoup de précision.

Certaines ne se contentent pas d'être reproduites : les couples qui en sont les acteurs ne se gênent pas pour nous et continuent leurs exhibitions sur les nattes, posées à même le sol, et qui constituent le seul mobilier.

Je lâche Kiri, après lui avoir fait humer un morceau de Chirra que j'avais dans ma poche.

Sous les injures, il se dirige vers ce qui a été une salle de bains : Tampax usagés, gadgets sexuels, serviettes sales, préservatifs, brosses à dents... Kiri se détourne, visiblement écœuré.

Le barbu hurle :

— Vous êtes tous des esclaves... Je prierai pour vous !

Le chœur de ses disciples se joint à lui, mais pour lâcher, plus prosaïquement : « On vous emmerde ! »

Kiri, pendant ce temps, fait le tour de ce qui reste d'une

bibliothèque... et c'est là que, sous sa direction, je vais découvrir un curieux mélange de H, de poivre et une poudre médicamenteuse : cocktail garanti pour vous envoyer au nirvāna !

Je félicite Kiri, tandis que le barbu, malgré ses invocations à Bouddha, est jeté avec ses disciples dans un car de police, la flicaille, c'est bien connu, n'ayant aucun respect pour la sagesse orientale.

C'était une grande première. Cela peut paraître étonnant aujourd'hui, mais jamais aucun chien français, jusque-là, n'avait trouvé de drogue.

Je raconte cette histoire un peu plus longuement que les autres parce qu'elle a eu une influence considérable sur ma vie et sur le comportement des chiens.

Si, aujourd'hui, il y a des chiens détecteurs de drogues dures ou d'explosifs, c'est parce qu'un jour Kiri, simple chien de patrouille, avait trouvé un peu de H.

4.

DROGUES ET SQUATTERS

Dans la mesure de nos possibilités et de nos moyens, bien faibles encore à l'époque, il nous arrivait parfois des histoires extraordinaires. Ainsi celle de la rue de Chalon, que j'ai vécue avec Vanzy, le successeur de Kiri.

Cinq maîtres-chiens, de nombreux inspecteurs de la P.J., des divisionnaires de la brigade des stupéfiants et d'autres de la brigade criminelle, de celle des mineurs, deux escadrons de gendarmerie, un conseiller de la ville de Paris, cinq patrons et des C.R.S. en quantité.

De quoi boucler tout un quartier — et c'est bien ce qui a été fait pour le quartier Chalon.

Inutile de le chercher aujourd'hui, tel que je le décris : il n'existe plus.

Après notre passage, il a été rasé. Des immeubles tout neufs où il doit faire bon vivre l'ont remplacé.

Pourtant, mon histoire ne remonte pas à la guerre de 40. C'était en 1977... à peine seize ans !

Il doit bien y avoir encore quelques grands-pères qui y ont habité et qui en ont souvenance. Mais, comme ils n'étaient déjà pas jeunes à l'époque...

Comment décrire le quartier Chalon tel que je l'ai vu ce jour-là ? Derrière la gare de Lyon, un entremêlement de passages obscurs, de ruelles dont certaines ont encore leurs pavés de bois ; des masures dont il ne reste que les caves, vraies ratières à clochards. Des maisons vacillantes dont on se demande par quel miracle elles tiennent debout.

Et, en prime, des immeubles entièrement squattérisés !

A côté, d'autres, qui ne valent guère mieux, mais sont encore vaguement entretenus et où doivent habiter de petits vieux qui s'y engouffrent rapidement, le soir surtout, apeurés par les drogués et les hippies. Dans ces maisons, des yeux nous guettent, mais plutôt rassurés par notre présence. En descendant de voiture, je vois, imperceptiblement, bouger les rideaux.

Il est vrai que nous sommes suffisamment bruyants et visibles pour qu'on nous remarque : sifflet des agents de police, ordres des commissaires, commandements des patrons, voitures ou cars de police qui arrivent sans arrêt.

Les squatters qui vivent dans ce quartier hallucinant se dissimulent prestement dans ce qui fut une entrée, un couloir.

C'est ahurissant : un immeuble pauvre, mais décent, et, à côté, ces ruines hantées !

Ici, la drogue et la crapulerie marchent de pair avec la pire des pauvretés : celle qui reste pudique. Il n'y a rien de comparable à Paris ; c'est pourquoi, en haut lieu, on s'est inquiété de ce nid de misère.

Dès ma descente de voiture, je prends une rogne et... une poubelle sur la tête. Vanzy, mon chien, évite, lui, de justesse un fourneau déglingué !

C'est la dégringolade : des fenêtres éventrées tombent bouteilles, boîtes de conserve, postes de radio. Une vraie pluie ! Les inspecteurs de la P.J. et les patrons en prennent tout autant. Et c'est, en même temps, une fuite éperdue des squatters dans les rues.

Nous fonçons au milieu des détritus, des coups de sifflet, des engueulades de part et d'autre.

Un immeuble, dont la porte d'entrée pend sur ses gonds, me reçoit avec un autre maître-chien et quatre policiers.

Heureusement, un plan a été mis au point à la préfecture. Nous savions quels bouquets de fleurs nous attendaient à l'arrivée et ce que nous avions à faire.

N'empêche ! Ma stupéfaction commence avec le vestibule. Les boîtes aux lettres sont disloquées, arrachées, les murs ont la lèpre...

— Vanzy...

Où est-il passé, cet animal ?

Je marche sur des paquets de drogue, des seringues, mais aussi de la monnaie française et étrangère, des bijoux... Les squatters ont vidé leurs poches avant de filer. Ils n'iront pas loin. Le quartier, entièrement encerclé par les forces de l'ordre, est bouclé.

Plus astucieux que moi, mon chien, lui, est resté dans la rue. Il s'est déjà mis au travail, obéissant à l'ordre que je lui avais donné.

Il gratte d'une patte énervée, soulevant à moitié un de ces pavés anciens. Je le rejoins. Il a, en me voyant, un petit glapissement que je connais bien : je finis de soulever le pavé ; sous lequel je trouve une bonne livre de haschisch ! Bon début.

Et ça continue. A l'intérieur de l'immeuble, les pattes avant collées au mur, Vanzy se tend vers un vieux compteur à gaz. Par chance, un tabouret traîne à cet endroit où il n'a rien à faire. Je monte dessus pour atteindre le compteur et... un paquet de Chirra en barres !

Un patron qui passe sourit en voyant la récolte et fait une rapide caresse au chien. « Bravo, Vanzy, continue comme ça. »

Je frappe à une porte qui ne s'ouvre pas, mais qui ne résiste pas à des arguments plus frappants. Une odeur de H se dégage des matelas crasseux, pourris, d'où s'échappe une vieille laine. Vautrés dessus, des garçons, des filles, hébétés.

Je louvoie à travers les gamelles sales, posées à même le sol, les vêtements déchirés, les verres ébréchés, les bouteilles de bière et de lait et — évidemment — les mégots de joints. Ici, on n'a pas l'air, pourtant, d'avoir entamé les drogues dures. Je ne vois pas traîner de seringues. Le « voyage » n'est encore que de l'hébétude. En revanche, je suis copieusement insulté, mais ça reste mou : les jeunes qui vivent là sont trop abrutis. Rien que le « salaud de poulet ! » qui leur vient naturellement à la bouche et qui s'accompagne d'un « salaud de chien de flic ! » quand Vanzy en pousse un pour me montrer, caché hâtivement sous sa cuisse par le garçon, un paquet de joints. Un autre est à peine dissimulé entre deux assiettes. On les récolte aussi facilement que les raisins à l'automne.

Je mets Vanzy au repos. Pour moi, c'est terminé. Je laisse la place à la P.J. et m'en vais porter ma cueillette à un patron.

Dans les escaliers, c'est un va-et-vient constant de policiers et de squatters affolés : des hommes, des femmes, des adolescents, des Maghrébins, des Noirs, des Blancs, même un Indien enturbanné...

Les chiens s'en donnent à cœur joie, un coup de nez par-ci, un coup de museau par-là... De la drogue, encore de la drogue ! Les maîtres courent derrière les bergers allemands. Ils n'ont pas le temps de dire « cherche » que l'herbe leur tombe dans les mains. Et, quand ce n'est pas de la drogue, les gars de la P.J. trouvent une pièce remplie de télés, de vidéos, d'appareils photos... Une vraie caverne d'Ali Baba !

Un environnement inconnu, même des chiens.

Il y a des flics partout : au sixième étage en même temps qu'au rez-de-chaussée et à la cave, où proteste un clochard dérangé dans ses habitudes, mais très poli, lui : « C'est chez moi, ici, monsieur le commissaire. Vous n'avez pas le droit d'entrer sans mandat de perquisition. » Ahurissant ! C'est peut-être un ancien avocat : il y a de tout parmi les cloches. Un monde à part.

Puis ce sont des bribes de phrases, des erreurs amenant un gros rire qui nous soulage : « Rappelle ton chien... — Excuse-moi, mais c'est le tien ! »

Tout est tellement extravagant, chaotique, que, si Vanzy ne me rappelait à l'ordre, je travaillerais toute la journée sans m'en apercevoir.

— Je voudrais un maître et son clebs, ici, au troisième.

— Allez, Vanzy, on y va.

J'allais rejoindre l'inspecteur qui appelle, quand je m'arrête soudain : quel est ce curieux tapis qui recouvre l'escalier ? Je me penche, tandis que Vanzy, dégoûté, danse d'une patte sur l'autre. Non, je ne me suis pas trompé. C'est bien une épaisseur de deux centimètres au moins de crasse ! Je ne marche pas sur le bois des marches mais sur cette carapace de saleté. Jamais encore, même quand avec Kiri nous étions allés rendre notre première visite aux hippies, je n'avais vu cela.

Au troisième, l'inspecteur m'attend devant une porte qu'il me désigne :

— D'après les renseignements qu'on m'a donnés, une histoire de mineure.

Je suis toujours en admiration devant les « renseignements » des hommes de la P.J. D'où les sortent-ils ? Qui les leur a fournis ? Mystère... mais quatre-vingt-dix-neuf fois sur cent, ils sont exacts.

— J'ai frappé, j'ai eu droit à une bordée d'injures, mais pour ouvrir...

J'en ai pris mon parti depuis tout à l'heure :

— D'accord ! On l'enfonce.

Dans la pièce, à ma stupéfaction, un lit. Un vrai avec draps, oreillers, tout. Le sol presque propre, et, assise sur le lit, le visage crispé de fureur, une gamine qui n'a pas quinze ans. Elle est moins âgée que ma fille !

L'inspecteur hausse les épaules rageusement. Il balance entre l'apitoiement et la colère.

— Mineure, fugueuse, prostituée... C'est son maquereau qui lui a meublé la chambre.

Il désigne, du doigt, le lit.

— Elle fait des passes pour lui, un camé. Afin qu'il puisse s'acheter ses doses.

J'ai remis Vanzy en alerte. Il cherche. Négligemment.

— J'ai demandé un chien par acquit de conscience, mais, à mon avis, il ne trouvera rien... parce qu'il n'y a rien ! Son mec ne doit lui autoriser qu'un joint de temps en temps, et encore. S'il la mettait à l'héroïne ou au L.S.D., elle ne pourrait plus lui servir.

La gamine l'écoute. Et, brusquement, elle se lève et crache à la figure de mon collègue.

Le flot d'obscénités et de grossièretés qu'elle déverse, j'aime mieux ne pas m'en souvenir. Rien que d'y penser, je retrouve le malaise que j'ai eu en l'écoutant.

On a eu un autre mineur. Un garçon, lui, d'à peine treize ans. Il était effaré, nu, enroulé dans un drap sale. En nous entendant, son protecteur avait sauté par la fenêtre... du rez-de-chaussée.

La journée s'avance. Stop. Ras le bol. Au début, ça me passionnait, mais j'en ai trop vu et je n'ai plus envie que de rentrer chez moi.

Pourtant, une dernière surprise m'attend.

Je suis dans une pièce abandonnée par ses habitants. Un taudis, puant, sordide. Là non plus, Vanzy n'a rien trouvé, mais ce n'est pas étonnant : ce qui y est caché n'est pas de son ressort.

L'inspecteur avec qui je travaille ouvre un placard.

Il est rempli de draps. Je n'en ai jamais autant vu. Surtout comme ceux-là : en soie !

Je sursaute, effaré : il y en a pour une fortune.

Et, planqués derrière, des lingots d'or !

Quand nous sortons de ce nid de misères et d'abjections, et que je retrouve un Paris clair, propre, j'ai l'impression d'avoir fait un cauchemar.

5.

SALTIMBANQUE ET SAVANT

Cette histoire du quartier Chalon m'avait fait réfléchir.

Nos chiens — ils venaient de le prouver — étaient capables de prendre eux-mêmes leurs responsabilités. J'étais certain que nous pouvions leur demander beaucoup plus que le train-train ordinaire. Mais il leur fallait une éducation nouvelle, reposant davantage sur l'« intelligence » canine (n'en déplaise à ceux qui la nient) que sur un dressage, si bien fait soit-il.

Un énarque a eu une autre formation qu'un gars qui a simplement le certificat d'études. Pour les chiens, ce devait être pareil ! Mais, j'avais beau chercher, je ne trouvais pas.

La seule chose dont j'étais sûr — parce qu'elle correspondait à ma propre pratique —, c'est qu'il ne fallait pas qu'il y eût un maître et un chien, mais deux collaborateurs travaillant de concert et se faisant mutuellement confiance.

Ce fut la rencontre simultanée d'un « saltimbanque » et d'un « savant », qui me permit de trouver et de mettre au point la méthode nouvelle dont je rêvais.

Le *nec plus ultra* de l'éducation cynophile d'alors était la recherche de la drogue... Mais pas des drogues fortes : héroïne, cocaïne, L.S.D. Leur senteur presque imperceptible nous portait à croire que, si subtil que fût l'odorat des bergers allemands, il ne l'était pas assez pour découvrir ce qui pour nous autres, hommes, était sans odeur. C'était oublier que le chien de chasse entre cinquante lapins n'en poursuivra qu'un et ne se trompera jamais !

Mais comment éduquer le chien à la recherche des drogues dures ?

Vanzy, mon chien, allait beaucoup m'aider dans ce travail de recherches, et je peux dire qu'il fut le premier chien antidrogues dures.

Pourtant nos relations n'avaient pas très bien commencé et, je dois le reconnaître, par ma faute.

Vanzy est un grand berger allemand, couleur « feuille morte », aux oreilles et à la truffe noires.

Contrairement aux autres chiens policiers, il ne vient pas de Cannes-Écluse — le centre de la police, près de Sens, où s'effectue le prédressage des chiens. Il arrive tout droit de Belgique. Acheté, bébé, par des particuliers, et n'admettant pas que ses maîtres s'absentent, manquant ainsi à leurs devoirs envers lui, il avait, pour les « dresser », tout saccagé dans leur appartement !

C'étaient de braves gens qui aimaient bien leur chien ; plutôt que de le mettre à la S.P.A. — ou le faire piquer, ce qui arrive plus souvent qu'on ne le croit —, ils avaient préféré nous l'offrir, pensant, avec justesse, qu'entre nos mains ses défauts pouvaient devenir des qualités. Ils ne s'étaient pas trompés.

Assis devant moi, ses grandes oreilles en berne, Vanzy sait, en ce matin gris, ma tristesse. Mon vieux compagnon, Kiri, mon premier chien, est mort hier.

C'est idiot, bien sûr, mais j'en veux à son successeur, de cette mort, comme s'il en était responsable. Je lui en veux d'avoir la place de Kiri dans sa niche et à mes côtés. Pourtant, depuis deux ans, le vieux avait pris sa retraite. A onze ans et demi — ce qui est exceptionnel !

En principe, c'est après neuf ans de « bons et loyaux services » que les chiens policiers ont le droit de se reposer.

Mais Kiri... il n'y en avait pas eu deux comme lui !

C'est pourquoi quand, cinq ans auparavant, on m'avait amené ce jeunot pour qu'il lui succède, mon chien et moi l'avions accueilli par le même grognement.

Injuste, jamais satisfait, j'avais pourtant bien été obligé de reconnaître que Vanzy se montrait digne de son aîné.

Cette grogne a duré pendant les années où les deux chiens ont dû vivre ensemble — se supportant, sans plus. Vanzy, avec le respect que l'on doit au chef; l'autre le surveillant, sans arrêt prêt à lui sauter dessus à la moindre incartade.

Pour moi, en dehors du travail, Vanzy restait un étranger. J'avais de l'estime pour lui, pas d'affection.

Ce matin-là, quand il m'a tendu sa patte, je ne l'ai pas prise.

Il voulait pourtant me dire : « Je t'aime, je suis ton ami ; je te serai fidèle comme Kiri l'a été. »

Mais je refusais son affection. C'était mon collègue, pas mon chien.

Les semaines ont passé.

Un soir, en rentrant chez moi, j'ai trouvé Vanzy dans la cuisine avec ma femme, Renée, qui le caressait.

J'ai râlé :

— Qu'est-ce qu'il fait ici au lieu d'être chez lui ?

Chez lui : sa niche. Un chien aime sa niche tout comme un homme aime sa maison. En rentrant de patrouille avec moi, il y allait directement, ignorant le pavillon où, d'ailleurs, je ne l'aurais pas admis. Seul Kiri avait eu le droit d'y venir, de se coucher à mes pieds.

Ma femme m'a regardé, bien droit, comme elle sait le faire lorsqu'il faut — et, avec mon foutu caractère, il le faut souvent. Et elle m'a dit, tranquillement (il n'y avait de reproche que dans ses yeux) :

— Il manque d'affection, ce chien, alors il vient en chercher où il peut.

J'ai haussé les épaules. Vanzy était reparti dans sa niche. J'ai eu un peu honte.

A partir de ce jour-là j'ai commencé à le regarder. Et en le regardant j'ai vu l'amour qu'il y avait dans ses yeux. Et, peu à peu, j'ai fini par trouver avec lui la même complicité que j'avais eue avec mon premier chien.

Succéder à Kiri non seulement sur le terrain, mais aussi dans mon cœur, relevait de l'impossible. Pourtant Vanzy y est parvenu.

J'ai écrit : « L'entente qui existe entre un homme et son chien se crée dès le départ et elle ne cesse qu'avec la mort de l'un d'eux*. » Avec Vanzy, j'y ai mis peut-être trop de temps, mais cette entente, quand elle a fini par s'établir, a été de même qualité que celle que j'avais eue avec Kiri.

Et, lorsque — plus d'un mois après — il m'a tendu à nouveau sa patte, il savait que j'allais la prendre.

Et moi, je savais que nous allions entreprendre un nouveau travail : la détection des drogues dures.

Cette nouvelle éducation devait plus tard devenir — je l'ignorais encore — celle, officielle, des chiens antidrogue, avant de servir de base à celle des chiens antiexplosifs de l'unité cynophile.

Pour l'heure, elle devait changer ma vie de maître-chien, et celle de Vanzy.

Tout ce remue-ménage qui allait m'attirer pas mal d'ennuis... est la faute à un saltimbanque et à un savant.

Je suis en patrouille avec Vanzy. Nous venons d'entrer dans un restaurant élégant du bois de Boulogne, dont le patron me dit aussitôt :

— Restez. Vous allez voir un chien faire un numéro comme le vôtre en serait incapable.

Il flatte Vanzy en même temps pour qu'il ne se vexe pas. Il l'aime bien, comme tous ceux du bois, d'ailleurs.

Arrive alors dans la salle un traîneau tiré par six samoyèdes, aussi blancs que la neige d'où ils viennent.

Un homme hors du commun les conduit, smoking blanc et fouet à la main.

Je me crois transporté dans un conte de Perrault. Vanzy est

---

* Voir *Maître-chien*, Éd. Robert Laffont.

aussi épaté que moi, et nous admirons les numéros de cirque qui succèdent à cette entrée féerique.

A la fin, le patron du restaurant fait les présentations.

— Deux amis des bêtes : Maurice Cherrey...

Maurice Cherrey, le nom me dit quelque chose. Bien sûr ! C'est ce dompteur qui avait réussi l'impossible exploit de réunir dans la même cage trois fauves ennemis. Aucun dompteur jusqu'à lui n'avait eu l'audace — ni l'art — de faire travailler ensemble un tigre, un lion, une panthère.

Il rit :

— Oui, mais cette brave panthère m'a quand même affectueusement arraché la moitié de l'épaule. Résultat : j'ai dû abandonner les fauves pour les chiens.

Un silence de réflexion.

— Sur le moment, je l'ai regretté. Plus maintenant. Les chiens, c'est formidable.

Oui, c'est formidable, les cabots ! Et ce n'est pas pour rien que le même mot d'argot désigne à la fois les chiens et les artistes.

Maurice Cherrey avait un numéro extraordinaire : « le chien lecteur de cartes ». On dressait sur la scène huit panneaux représentant huit cartes différentes : valet de trèfle, sept de carreau, dame de cœur, as de pique, roi de trèfle, dix de cœur, cinq de pique, trois de carreau.

Cherrey entrait alors avec sa chienne, Moundy, le premier samoyède qu'il avait eu — cadeau de Paul-Émile Victor au retour d'une de ses expéditions au pôle Nord. Moundy s'asseyait, face au public, tandis que son maître s'adressait à une spectatrice et, très cérémonieusement :

« Madame, voudriez-vous faire à Moundy l'honneur de lui indiquer la carte qu'elle doit découvrir. »

La spectatrice annonçait par exemple : « Valet de trèfle. »

Maurice se tournait vers son chien :

« Mademoiselle Moundy, vous avez entendu ce qu'a dit cette dame. Voudriez-vous nous désigner la carte qu'elle a choisie ? »

La samoyède se dirigeait alors vers la première carte, passait

SALTIMBANQUE ET SAVANT

devant elle sans daigner lui jeter un coup d'œil, puis devant les autres, jusqu'au valet de trèfle. Là, elle s'arrêtait et se couchait, le museau pointé vers la carte.

La salle éclatait en applaudissements.

Moi, je me disais : « Il y a un truc, mais lequel ? » J'avais beau chercher et bien connaître les chiens, je ne trouvais pas.

Par la suite, Maurice Cherrey et moi sommes devenus très amis. Comment le décrire ? A soixante ans, c'était encore un séducteur, le genre très galant qui plaît beaucoup aux femmes. Et Dieu sait s'il leur a plu ! Mais, avant tout, c'était un enfant du cirque, un « saltimbanque », comme il aimait se nommer. Je dirais plutôt « le prince des saltimbanques », roulant un jour en Mercedes, un autre « faisant pitié à son percepteur ».

Sa maison, c'était la roulotte, avec, partout, des photos de lui et de ses animaux, mais aussi de trapézistes, de clowns, de cascadeurs, ses camarades. Et puis les accessoires de ses numéros : son fouet de dompteur, un habit pailleté jeté sur un fauteuil, les samoyèdes, bien sûr, couchés sur les divans ! Des choses qui me semblaient insensées.

Un jour que je lui rendais visite, je découvris, au milieu de la pièce, une colombe picotant des graines sur une tête de carton : une de ces têtes que l'on trouvait autrefois chez les modistes. C'était irréel, cette tête qui servait de mangeoire à un oiseau !

— J'ai, pour ami, un brave homme de curé que j'aime bien, me dit Maurice, voyant mon ahurissement. Il a une procession dans quinze jours et il trouve que ses paroissiens manquent de foi. Il voudrait un miracle. Oh ! il se contenterait d'un tout petit. Mais, comme il n'est pas sûr que l'Esprit Saint soit disponible justement ce jour-là, il m'a demandé de lui donner un coup de main.

Et il me désigna le pigeon perché sur la tête.

Le jour de la procession, le curé eut son miracle. Des centaines de gens peuvent en témoigner... Une colombe, envoyée par le bon Dieu, vint se percher sur la tête du saint... où mon ami Maurice avait auparavant placé quelques grains de mil.

Il aimait et admirait Vanzy, et c'est grâce à mon chien que j'ai su le « truc » des cartes.

Avec un coup d'œil de malice vers moi, il lui avait chuchoté dans l'oreille : « Ne le dis pas à ton maître, mais j'ai une plume d'oie dissimulée dans ma main. Quand je la fais claquer contre mon ongle, Moundy s'arrête net... »

Devant la carte qu'elle est censée reconnaître et qu'il lui avait ainsi désignée.

Cela a l'air très simple, mais combien de mois de patience avait-il fallu pour que la chienne obéisse à ce signal !

Il m'a expliqué, par la suite, qu'il l'avait éduquée à la gourmandise... En même temps que le son lui parvenait, elle recevait un gâteau. Peu à peu elle avait réagi au bruit, même sans friandise. C'est la célèbre histoire du chien de Pavlov, salivant au son d'une cloche. Mais, à ce moment-là, j'ignorais l'expérience du savant russe, dont Cherrey s'était inspiré.

Comme nous en parlions un jour, Maurice m'a dit :

« Un chien est capable de tout faire dès l'instant qu'il a une référence : une odeur, de préférence... Même trouver des billets de banque ! Son intelligence passe par son nez. »

L'avenir devait me prouver qu'il disait vrai. Moi, pour l'instant, je faisais travailler mon chien au dressage policier. Je m'étais pourtant, le premier, servi de son odorat pour trouver de la drogue. Mais uniquement du Chirra, qui a une forte odeur. Et encore, d'une manière primitive à côté de ce que j'allais faire par la suite.

Mais sans cette phrase de Cherrey, sans cette conviction qu'il m'avait donnée, je n'aurais jamais été aussi persuasif quand je me suis présenté devant mon patron : il fallait faire reconnaître par les pontes de la police l'éducation, pour la plus grande partie olfactive, que j'avais donnée à Vanzy d'abord, puis, par la suite, à d'autres chiens ; celle qui allait leur permettre de trouver des drogues dures, dégageant peu d'odeur, ainsi que je l'ai dit, comme l'héroïne.

Et, par la suite, de découvrir les explosifs.

Entre-temps, après le saltimbanque, j'avais écouté le savant.

SALTIMBANQUE ET SAVANT

Passer du H — que Vanzy trouvait, à présent, avec la même facilité qu'un os * — à l'héroïne ou au L.S.D. était très difficile. De plus, ce sont des drogues aussi dangereuses pour le chien que pour l'homme.

Quand je pense qu'à l'époque on nous a accusés d'avoir des chiens drogués... le clebs auquel il fallait sa petite dose tous les jours !

Ils n'auraient pas duré longtemps, nos chiens, à ce régime-là.

La réalité était tout autre.

Il ne fallait surtout pas que les chiens y touchent. Ils devaient découvrir l'endroit où la drogue était cachée, nous l'indiquer, mais ne pas y mettre le nez. Il fallait aussi que, parmi de multiples odeurs, ils reconnaissent la bonne. Mais, peu à peu, je découvrais d'autres difficultés. Ainsi, je devais tenir compte de la température des lieux, qui pouvait augmenter ou diminuer la senteur du produit ; je devais aussi me préoccuper de l'emballage. C'était d'autant plus difficile que les différences étaient infinitésimales. Allez donc, avec votre nez d'homme, faire la différence entre l'odeur d'un papier kraft et celle d'un papier journal, ou bien celle d'une boîte en fer qui a peut-être contenu du thé ou du café.

Je devinais tout cela, mais je n'arrivais pas à le cerner. Et c'est au moment où j'étais le plus embarrassé que ma rencontre avec Maurice Cherrey m'avait ouvert une première porte.

La deuxième allait m'être ouverte par un professeur au Centre d'études nucléaires de Fontenay-aux-Roses.

Rien à voir avec mon copain saltimbanque et, pourtant, ils se rejoignaient tous les deux dans leurs déductions et leurs conclusions.

D'abord, avant tout, ne pas dresser le chien selon des critères humains, comme nous le faisions jusque-là, mais se fier à son « intelligence » et développer celle-ci.

L'« intelligence » ! Avec ce mot-là, je me suis souvent fait

---

* Voir *Maître-chien*.

taper sur les doigts ! M. Descartes n'a-t-il pas affirmé que le chien n'était qu'un automate ?

Il fallait également savoir — et je l'ignorais jusque-là — que, chez le chien, voies gustatives et olfactives convergent et se retrouvent sur la même image. L'odeur de la viande et un morceau de viande qu'il mange évoquent pour lui une même chose.

« Il est donc absolument normal qu'une odeur un tant soit peu évocatrice de nourriture ou de plaisir, même de façon très indirecte, puisse provoquer un comportement équivalent », m'avait dit le « savant », rejoignant ainsi les déductions du « saltimbanque ».

Encore fallait-il que le tout s'inscrive dans la mémoire génétique acquise du chien, ce qui ne se fait pas en dix minutes.

Je créai donc, un peu à l'aveuglette, une nouvelle méthode. Je tenais des fiches et je n'arrêtais pas de découvrir d'autres exigences chez ce fichu cabot.

6.

DEALERS ET BAGMANS

Il nous fallut, à Vanzy et à moi, beaucoup de patience pour qu'il apprenne la recette des drogues dures. Pour que *nous apprenions*, plutôt, car je devais moi-même apprendre, par tâtonnement, ce que j'allais lui enseigner.

La première chose que j'allais comprendre, c'est que travailler en finesse trop longtemps le fatiguait et qu'au bout d'un certain temps mon chien devait se reposer et se détendre en jouant.

Ensuite qu'il ne devait jamais prendre dans sa gueule ce qu'il trouvait, mais simplement me le désigner.

J'avais commencé par bien faire sentir à Vanzy le produit qu'il avait à chercher : de l'héroïne en l'occurrence (prêtée obligeamment par le service des stupéfiants qui suivait avec intérêt mes recherches).

C'était facile, en apparence : il avait l'habitude de flairer un vêtement, un bâton de Chirra, et il savait que c'était l'odeur reniflée qu'il devait trouver.

Seulement, le H sent fort. L'héroïne, comme toutes les drogues dures, a une senteur presque imperceptible.

Il lui fallait donc développer son « nez » et ne pas « prendre ».

Évidemment, je lui avais interdit de toucher à l'objet trouvé ; mais, m'aurait-il apporté un bâton de cannabis, il ne l'aurait sûrement pas pris pour un os et me l'aurait remis intact : il n'en serait pas mort.

57

C'était autre chose avec un sachet de « blanche ». J'étais terrifié en pensant au dégât que celui-ci pourrait causer s'il se déchirait dans la gueule de Vanzy...

Pour lui faciliter le travail, au commencement, je le cachais avec quelque chose dont mon chien raffolait : un biscuit sec !

Quand il trouvait le tout, pas fou, il s'emparait du gâteau, tandis que je saisissais le produit en le lui faisant remarquer : un geste du maître qu'il devait aussi inscrire dans sa mémoire.

Je lui ai bien fait rentrer tout ça dans la tête, puis j'ai mis le biscuit non plus avec, mais « à côté » de l'héroïne, en l'en éloignant de plus en plus.

Pour finir, j'ai gardé le gâteau dans ma main et, petit à petit, de dix centimètres en dix centimètres, je m'éloignais jusqu'à deux mètres.

Dès que Vanzy avait trouvé la drogue, sans y toucher, il venait vers moi, en grands bonds joyeux, se faire payer le travail bien fait.

Au gâteau sec, son copain Uépo préférait les caramels mous ! Un troisième — le plus coûteux ! — les chocolats.

Donc, Vanzy avait mémorisé : c'était devenu chez lui un automatisme.

J'augmentais les difficultés.

Je disséminais dans la pièce où il allait chercher d'autres produits, plus odorants.

Ma femme se demandait où était passée son eau de Cologne ; mon fils, ses cigarettes...

J'utilisais tout ce qui pouvait gêner le « nez » du chien : il devait, à travers ces odeurs plus puissantes, retrouver celle, ténue, qu'il cherchait.

Je lui apprenais aussi à ne pas se laisser troubler par les bruits du dehors : s'il s'intéresse au moteur d'une voiture, à l'aboiement d'un autre chien, si son oreille frémit parce qu'il a entendu la sirène d'une ambulance, le chien oublie son boulot. Pour ça, il ne vaut pas mieux qu'un homme !

En observant les réflexes de Vanzy, je m'éduquais moi-même. J'apprenais des choses dont je ne me serais jamais douté auparavant.

Par exemple, si, bêtement, je mettais de l'héroïne dans une boîte ayant contenu du Chirra, c'était le Chirra dont l'odeur est beaucoup plus forte qu'il recherchait.

Je troublais ainsi une mémorisation encore toute fraîche et nous faisais perdre du temps à tous deux.

Ce que j'apprenais aussi — et surtout —, c'était le langage chien. Un maître et son chien doivent pouvoir se parler.

Or, si un berger allemand peut apprendre jusqu'à cent quarante mots, nous, pauvres idiots d'hommes, ne comprenons pas le chien.

On y arrive pourtant... avec difficulté, et en mettant beaucoup plus de temps que lui ne met à comprendre la langue humaine.

Il y a une bonne dizaine de tonalités dans l'aboiement, chacune bien différenciée de l'autre et exprimant une chose différente.

Et puis il y a le langage gestuel : la patte, la queue, le museau, mais surtout les oreilles dont il faut percevoir le moindre frémissement.

A nous, humains, de nous montrer aussi malins que nos chiens et de saisir ce qu'ils nous disent.

Pour arriver à ce qui n'était plus un dressage, mais une véritable « éducation », il m'a fallu pas mal de temps : j'ai bien dû refaire cinq cents fois les mêmes gestes, redire les mêmes mots : ceux qu'il connaissait : « Cherche », « Doucement », « Chut », « Pas toucher »... et d'autres qu'il apprenait au fur et à mesure.

S'il désobéissait, cherchait négligemment, venait demander sa friandise sans avoir rien trouvé, je le grondais ; il baissait la tête, queue entre les jambes, tout penaud.

En revanche, quand il avait bien travaillé, c'était la fête !

D'abord, les félicitations que Vanzy reçoit toujours avec fierté (il remue doucement la queue en signe de contentement) puis son gâteau et, pour finir, le jeu avec un gros boudin de tissu sur lequel nous tirons chacun de notre côté.

Donc, pour le chien, il y a un triple plaisir : les compliments, la gourmandise et l'amusement.

Mais, lorsque, pour la première fois, j'allais exposer cette méthode farfelue — le chien dirigeant le maître et non plus le maître dirigeant le chien — à des officiels, le moins qu'on puisse dire est qu'ils apprécièrent peu la chose. Ils passaient huit heures dans leur bureau, et je venais leur dire : « Mon chien se fatigue à chercher ; il doit se reposer souvent, se délasser en jouant avant de reprendre la recherche... » Est-ce qu'eux allaient se balader pendant les heures de travail ?

Je me fis traiter de « Charlot » et renvoyer à la niche.

Heureusement, j'avais en Vanzy le plus dévoué et le plus brave des compagnons.

En même temps que je me battais avec l'administration, je continuais, subrepticement, à éduquer mon chien, travaillant, en dehors des heures de service, sur ces nouvelles données.

7.

DES GENS BIEN...

Il ne faudrait pas croire que les recherches de drogue se passent toujours dans des milieux de camés, de hippies, ou simplement de jeunes.

Je me souviens d'un jour — un 1ᵉʳ avril ! — où j'ai dû intervenir sur commission rogatoire, c'est-à-dire que les inspecteurs de la P.J. avaient déjà interrogé les suspects.

On nous faisait donc venir pour trouver la preuve de ce qu'ils s'obstinaient à nier.

J'arrive avec l'équipe dont je suis responsable devant un bel immeuble — ce qu'on appelle un immeuble bourgeois — du XVIIᵉ arrondissement.

Moquette dans l'escalier, ascenseur, gardienne qui nous regarde passer l'air réprobateur. Je vois le moment où elle va demander aux chiens d'essuyer leurs pattes sur le paillasson.

Troisième étage : nous entrons dans un appartement cossu. Pas le très grand luxe, mais de beaux meubles, le confort de gens qui ont de l'argent.

Dans le salon, un couple debout : les suspects. On a du mal à y croire.

Elle, une femme d'une quarantaine d'années, bon chic, bon genre : jupe, chandail, collier de perles. Lui, un peu plus âgé, costume anthracite bien coupé, cravate élégante, mais sobre ; genre grand médecin, directeur d'entreprise, cadre supérieur... Sûrement pas des drogués !

Ils nous saluent vaguement de la tête quand nous entrons. Le même salut qu'ils doivent adresser à leurs fournisseurs. Calmes, sûrs d'eux, au point que je me demande si les inspecteurs ne se sont pas trompés.

Nous traversons le salon, la salle à manger, que nos chiens flairent sans manifester d'intérêt.

Je me sens de plus en plus gêné. Que faisons-nous là avec nos gros sabots ?

Et puis nous passons dans une chambre ; et là, les chiens s'arrêtent devant un placard.

Entre deux draps, même pas vraiment cachées, deux enveloppes : dans l'une de l'argent, dans l'autre, qui est cachetée, une poudre blanche. Je goûte : trois grains sur le bout de la langue ; aucun doute, c'est de l'héroïne, de la « blanche » de première qualité.

Quand nous sommes repartis, le couple était toujours dans le salon, à la même place, aussi neutre.

Rien, dans leur comportement, ne pouvait laisser croire que ces « gens bien », sûrement respectés par leur concierge, étaient des trafiquants.

Pour quoi ?

Pour l'argent ! L'argent que ce couple bourgeois recueillait en fournissant leur poison à des camés, et qui pouvait venir du vol, de la prostitution, ils n'en avaient rien à faire !

La poudre blanche qui leur rapportait de quoi mener ce train de vie était — ou serait — peut-être responsable d'une overdose. En quoi cela les regardait-il ?

L'argent n'a pas d'odeur, c'est bien connu, et ils avaient, grâce à la came, de quoi mener la vie qu'ils aimaient.

Et ce n'est pas la seule fois où je me suis trouvé devant de tels cas.

Pour moi, ces gens « bien » sont pires que les dealers.

A tout prendre, je préfère une autre histoire qui se passe dans le milieu opposé.

DES GENS BIEN...

Nous sommes six en tout : trois chiens, trois hommes, qui patrouillons dans le bois de Boulogne.

La radio grésille.

— T.P. 271 de T.I. 271. Allô ! C'est vous, Girouille ?

J'ai reconnu la voix de notre T.I. (en jargon flic : patron), nommé il y a peu de temps. Je prie le bon Dieu de nous conserver Alain Belveau.

— Qu'est-ce que vous faites ?
— On patrouille, tranquilles.
— Vous êtes combien ?
— Deux chiens antidrogue et un de patrouille. Mais c'est Zorro !

Un chien de qualité que j'apprécie à sa valeur.

— Bon. Eh bien ! on va aller dans Paris. Il y a un petit bar, derrière la République, qui me tracasse. J'ai envie d'aller y mettre mon nez et celui de vos chiens.

— Mais, patron, on n'a pas d'ordre.

— Je n'ai pas besoin d'un ordre de mission... Vous voulez que je m'en signe un à moi-même ?

Il rit :

— Ça me permettra de voir si Vanzy est en progrès.

Je l'ai mis au courant de la nouvelle éducation que je donne à mon chien et il est tout à fait enthousiasmé par cette orientation du dressage. Souvent, déjà, il est venu au pavillon nous voir travailler, Vanzy et moi. Il estime aussi beaucoup mon épouse : « Ce n'est pas une vie pour une jolie femme, Michel, me répète-t-il. Elle vous voit combien d'heures par jour ? »

Il a raison ; je suis tellement possédé par mon métier et par mes recherches que j'en néglige non seulement Renée, mais encore mon fils et ma fille. Plus tard je regretterai ces heures de bonheur familial que je perds. Mais pour l'instant...

— Alors, rendez-vous là-bas.

Nous nous engouffrons tous les six dans la voiture de service, ravis de ce divertissement improvisé qui nous arrache à la monotonie de notre promenade dans le bois. On se serre tous les trois à l'avant pour laisser l'arrière à nos chiens, qui aiment leurs aises.

La voiture du patron arrive en même temps que la nôtre devant une porte toute noire, genre pompes funèbres. Un guichet et, au-dessus, sans esbroufe, en petites lettres : « Club privé ».

Nous frappons. Le guichet s'entrouvre, démasquant la moitié d'un œil.

La porte s'entrebâille précautionneusement, comme à regret. Une entrée minuscule et sombre. Nous laissons Zorro et son maître en protection. Pas de décorum, pas beaucoup de lumières non plus.

Une femme, au fond du bar, s'acharne à vouloir ouvrir des huîtres avec un couteau pointu qu'elle s'enfonce dans la main en nous voyant. Seuls son cri de douleur et le bruit des dés d'un 421 rompent un silence presque total. Pourtant, il y a là, devant le bar, ou assis aux tables, un bon nombre d'hommes. Ils ne prennent même pas la peine de lever la tête à notre entrée. Pour être privé, c'est privé : même pas une minette !

De derrière le bar, celui qui doit être le patron montre les dents :

— Vous désirez ?

Il a déjà saisi une bouteille de whisky. Notre commissaire sort sa carte, ce qui n'a pas l'air d'étonner le barman.

— Visiter votre club...

Un haussement d'épaules, un regard vers les chiens, un geste vague qui peut vouloir dire : « A votre aise, allez-y. »

Notre patron nous jette :

— Au boulot, mes enfants.

Lui-même suit Vanzy.

Mon cœur bat la chamade. J'ai donné l'ordre à Vanzy de chercher. Je sais qu'il a bien mémorisé l'héroïne et la cocaïne, mais il connaît encore mal d'autres drogues dures : L.S.D., S.T.P... S'il se trompe, s'il ne trouve pas... Devant notre T.I., je panique intérieurement.

DES GENS BIEN...

En vieux routier, Vanzy se dirige vers les toilettes. S'il y a de la drogue, c'est là qu'il la trouvera. Curieux comme tous ces receleurs ont peu d'imagination ! Mon chien renifle et secoue le rouleau de papier hygiénique... d'où me tombe dans les mains un sachet d'héroïne !

Le patron jubile. Moi aussi :

— Vanzy, tu es un as !

Un coup de queue, et Vanzy va rejoindre son copain qui est, lui, en train d'inspecter le lavabo. Il doit y avoir là quelque chose d'intéressant car, sans hésiter, Vanzy se joint à lui dans ses recherches. Sa respiration devient plus saccadée, il pousse un aboi bref et pointe son museau vers le plafond. Je sais ce qu'il « ordonne » : « Il faut que vous m'aidiez, c'est en hauteur. »

Secondé par mon collègue, je le soulève : son museau effleure le miroir qu'il renifle tandis que son souffle s'accélère encore.

C'est là qu'est la drogue.

Le patron passe la main derrière le miroir et la retire avec... deux beaux billets tout neufs de cinq cents francs, qu'il regarde, ébahi.

Moi, j'ai compris. Le truc classique : la drogue est mise dans une cache. Ici, derrière le miroir. Mais ce peut être aussi bien une poubelle, l'intérieur d'une boîte... Le camé la prend et met à sa place le prix correspondant.

Un qui n'est pas peu fier, c'est Vanzy, et je partage son orgueil. Car il a trouvé l'argent en reniflant l'odeur laissée auparavant par la drogue, et qui n'est plus qu'un souvenir.

Nous revenons dans le bar. La femme aux huîtres a disparu, mais les « clients », eux, sont tous là. Je crois même qu'ils n'ont pas changé de place, pas fait un geste. On se croirait au musée Grévin.

— Cherche.

Vanzy commence à travailler comme s'il était seul, reniflant aussi bien le bas des pantalons que les tables, les chaises, le comptoir.

Subitement, il tombe en arrêt devant une banquette. Il y

saute, il gratte. Comme je le lui ai appris, le museau pointé vers le dossier. Je passe la main derrière. Le dos est creux, et j'en retire un paquet de Chirra.

Et, comment dire, d'un seul coup l'atmosphère a changé. Nous étions des fantômes en arrivant, et maintenant on nous voit... Et sûr qu'on ne nous aime pas !

Un des hommes, assis à une table, se lève et va s'accouder au bar, près de la porte. Un autre, un troisième le rejoignent.

Quelques mots s'échangent à voix basse. En apparence il ne se passe rien, et pourtant rien n'est plus comme avant.

C'est un monde nouveau, hostile, dangereux et violent, que je sens, comme mon chien, en ce moment, « sent » la drogue.

Nous sommes quatre. Ils sont vingt, trente... Il me semble — est-ce vraiment une illusion ? — que leur nombre a augmenté depuis notre arrivée. Je devine que les poings se durcissent dans les poches. En face d'eux, nous ne faisons pas le poids. Deux flics et un T.I. tabassés par des gangsters, il y a de quoi faire rire *Le Canard enchaîné* ! Je vois déjà les titres des journaux du dimanche.

Nos chiens, habitués à la recherche, et non à la défense, ne s'aperçoivent de rien.

C'est Zorro, resté dans l'entrée, qui va sauver la situation.

A travers la porte, il a senti la tension monter. Jean-Pierre, son maître, d'un coup d'œil a évalué et compris la situation. Il nous rejoint. L'arrivée de Zorro a suffi pour mettre nos chiens en alerte. Ils abandonnent leurs recherches et viennent se placer devant nous. Tous les trois grondent. Les « clients » du club reculent un peu. Les bergers allemands ont toujours fait peur aux voyous. Le patron me chuchote : « On plie bagage » et, à haute voix :

— Bon, ça suffit comme ça. On rentre.

Grâce à Zorro, nous avons échappé à une belle pâtée. Et, grâce à Vanzy et à son compagnon, cette « opération ponctuelle » n'a pas été un échec. Nous tenons entre nos mains de quoi rendre ce club tellement privé que personne n'y mettra plus les pieds.

DES GENS BIEN...

Au début, c'est uniquement la recherche des drogues dures qui me passionnait. Lors de mes patrouilles, je rencontrais de plus en plus souvent de ces malheureux paumés, prêts à voler, à se prostituer, à tuer même pour acheter une « dose » ou se faire leur « piquouze ».

Je prenais en haine tous les bagmans, les dealers : leur drogue à eux était un fric sale. Je les rendais, à juste titre, responsables des « défonces » et, pis, des « overdoses ».

Puis, peu à peu, autre chose avait commencé à m'obséder : c'était l'époque des premiers attentats. On n'y était pas encore habitué, et pourtant il n'allait guère se passer une semaine sans qu'une bombe éclatât dans une voiture, un restaurant, un cinéma. A l'entrée des grands magasins, on fouillerait les clients.

Je savais que, déjà, dans d'autres pays on utilisait les chiens pour les découvrir. Un rapport de police de la police new-yorkaise qui m'était parvenu disait à ce propos :

« Le détecteur le plus efficace jusqu'à présent est le meilleur et le plus vieil ami de l'homme : le chien. »

Les Anglais, les Canadiens, les Suisses même employaient des chiens.

Pourquoi pas la France ?

L'attentat de la rue Marbeuf allait me renforcer dans cette idée.

8.

LES MOUSQUETAIRES À GIROUILLE

En a-t-on assez parlé, à la préfecture, à la P.J., dans les équipes de patrouille, de ces fameux « Mousquetaires à Girouille ! » C'était un peu un État dans l'État, et ce n'était pas toujours apprécié.

En vérité, il s'agissait d'hommes que j'avais choisis, que j'aimais bien, qui me le rendaient, toujours sur la brèche, toujours prêts — même hors service —, taillables et corvéables à merci.

Exigeant pour eux comme pour moi, il faut bien avouer que je leur pompais l'air, les appelant toujours au moment où, leur travail terminé, ils étaient avec leur femme et leurs enfants.

Ah oui ! je leur en ai fait voir, à mes mousquetaires !

J'arrivais parfois à sept heures du soir, prenant possession, sans permission, de la salle à manger pour y cacher de la drogue, sous les meubles, dans un tiroir — j'en ai même mis, un jour, dans le berceau du bébé ! — et la faisant chercher par le berger allemand alors que la maîtresse de maison, réfugiée dans la cuisine, attendait que j'aie fini pour servir le dîner.

Plus braves, plus patients qu'eux, il n'y avait qu'elles.

De temps en temps, un joli nez pointait par la porte entrebâillée.

— Ah ! Girouille, vous êtes un bouffeur d'hommes. Vous me le dévorez.

Et elle riait en rentrant dans sa cuisine.

LES MOUSQUETAIRES À GIROUILLE

C'était vrai, ma passion de la recherche et des chiens déteignait sur mes hommes.

Mais ils ont fait des prouesses avec leurs bergers allemands.

Dans l'Unité cynophile dont j'étais le responsable technique, il y avait la patrouille et deux petits groupes : celui de la recherche de la drogue, dont Vanzy avait été le premier héros, et celui de la recherche des explosifs.

J'y avais adjoint, presque sans le vouloir, un troisième groupe avec Vincent, qui avait amené avec lui son chien Pax, qui se consacrait aux recherches dans les catastrophes, tremblements de terre, immeubles démolis, ruines après bombardements, etc.

Mes mousquetaires étaient trois ; ils furent vite quatre comme il se doit. Hommes et chiens confondus car il est bien difficile, sinon impossible, de les séparer : chaque quatre pattes a son deux pattes.

Je parle uniquement des pionniers :

Vincent et son chien Pax : catastrophes,

Jean-Pierre et son chien Suros : explosifs,

Gérard et son chien Ronco : explosifs,

Jean-Yves et son chien Uépo : drogue.

Nous avions souvent des réunions « chiens-hommes ». Y assistaient tous les amis des bergers allemands. C'est lors d'une de ces réunions qu'on m'avait présenté un gardien de la paix, Vincent, un homme taciturne, renfermé — un homme pas heureux, pas bien dans sa peau, à mon avis.

J'eus vite fait de découvrir que, comme moi, c'était un passionné. Seulement, cette passion restait à l'état de rêve. Il aurait voulu entrer dans ma brigade, mais c'était impossible : il était chauffeur d'un patron.

« C'est un type bien, m'avait-il dit, je n'ai rien à lui

reprocher ; mais être chauffeur ne m'intéresse pas. Ce que je voudrais, c'est être un homme d'action... comme vous. »

Ses yeux brillaient. Ce n'était plus le même garçon. Et puis, d'un seul coup, il est retombé dans sa morosité. Il a haussé les épaules :

— C'est impossible. Alors...

On ne fait pas ce qu'on veut quand on est dans la police. Ce sont les chefs qui décident de votre sort.

Quelques semaines plus tard, je suis demandé pour une recherche de drogue.

J'arrive sur place, avec mon chien, et j'ai la surprise de voir un patron que je connaissais bien... mais pas comme patron : comme simple flic. Tout pareil à moi à l'époque de ma jeunesse, quand je faisais mes premiers pas dans la Grande Maison.

De loin, j'avais suivi son ascension. Il avait grimpé tous les échelons — officier, commandant... — pour devenir ce qu'il était aujourd'hui. Mais il était resté très simple et se rappelait ses amis d'autrefois.

Il vient vers moi, la main tendue, un petit sourire sur les lèvres :

— C'est moi qui t'ai demandé, Girouille.

Je ne savais pas très bien que dire à cet ex-compagnon. Je bafouille :

— Mes respects, patron.

Il me regarde, les yeux pétillants de malice :

— Dis donc, tu ne te souviens plus qu'on a tourné ensemble !

Nous avons parlé, évoquant, comme toujours, le bon vieux temps. Je retrouvais exactement le flic que j'avais connu quand j'étais jeune et me rappelais que, en effet, gardiens de la paix tous les deux, nous « tournions » ensemble.

Nous avions pris chacun une voie différente. Moi, les chiens ; lui, les responsabilités d'un commissaire divisionnaire. Mais, en tant qu'hommes, nous étions pareils.

C'est pourquoi, au bout d'un moment, je lui dis :

LES MOUSQUETAIRES À GIROUILLE

— Il y a un gars que je connais un peu, non pas policier, mais comme passionné des chiens.

Et je lui désigne son chauffeur qui attendait plus loin avec la voiture.

— Ah! Vincent. Oui, il est bien.

— J'aimerais que vous me le donniez. Il est motivé, et j'en aurais besoin dans l'équipe que je suis en train de former pour la recherche des explosifs.

Il éclate de rire, me flanque une grande tape sur l'épaule.

— J'y réfléchirai. Tu es toujours le même, Girouille. Tu demandes toujours les choses avec tellement de conviction qu'on finit par te les donner.

Je ne me tenais plus de joie : je sentais que j'allais avoir l'homme qu'il me fallait.

Rentré chez moi, je téléphone sur-le-champ à Vincent :

— Faites immédiatement votre demande de mutation pour « les chiens ».

Soupir en retour.

— C'est pas possible. Ils ne me l'accorderont pas. J'ai déjà essayé.

— Vous verrez!

Et sa demande a été acceptée, comme je l'avais prédit.

Ce que je ne savais pas, c'est qu'en entrant dans mon équipe il allait me faire un drôle de beau cadeau.

Je le vois s'amener, le premier matin, avec un superbe berger allemand. Il me le présente.

— Pax, mon chien. A moi. Pas à la police.

Et, farouche :

— Pas question qu'on nous sépare.

Pas question, en effet. D'abord, je comprenais son réflexe, j'aurais eu le même. Et puis j'avais bien trop besoin de chiens et trop de mal à m'en procurer.

Que ce fût à Cannes-Écluse ou au Centre des armées, je n'étais pas encore suffisamment introduit pour en obtenir. Il

71

me fallait m'adresser aux bureaux, remplir des formulaires, et les semaines passaient sans que je voie pointer à l'horizon un de ces bons gros toutous.

Seul problème : Pax était dressé en chien de catastrophe.

Il n'était pas question de le « dé-dresser » pour le redresser ensuite à autre chose. Il n'y avait que Vanzy que j'avais pu faire tourner au gré de mes idées et de mes désirs. De plus, il allait combler un vide : il me donnait la possibilité de créer une cellule « catastrophe ».

En fait, c'est Vincent et Pax qui m'ont appris comment réagissait un « chien de catastrophe ». Car, si je rêvais d'en avoir un, j'ignorais totalement comment on les éduquait.

Grâce à Pax, j'ai découvert qu'aucune catastrophe ne ressemble à une autre et que, si un tremblement de terre n'a rien à voir avec des démolitions d'immeubles, celles-ci ne sont pas plus semblables. Une maison du XIXe siècle ou un immeuble moderne qui s'écroule sont deux catastrophes différentes. Les matériaux ne sont pas les mêmes, et le chien doit savoir naviguer aussi bien entre les tuiles, les ardoises et les parquets qu'entre les plaques glissantes de béton.

Il n'y a pas de catastrophe tous les jours, heureusement. Il fallait donc que j'emploie autrement Vincent.

Je m'étais aperçu que, seul, je ne pourrais jamais éduquer à la fois les chiens détecteurs d'explosifs et ceux recherchant la drogue. Je n'ai pas le don d'ubiquité : je ne pouvais pas être à la fois à deux endroits. Il me fallait donc un autre « moi-même ». Si je restais le « bon Dieu », je devais déléguer mes pouvoirs à d'autres que je superviserais.

Ce furent mes leaders, devenus, officiellement par la suite, « moniteurs ».

J'avais jugé, jaugé, Vincent et j'étais certain qu'il serait le premier de ces leaders dont j'avais besoin.

Vincent fut mon premier mousquetaire.

LES MOUSQUETAIRES À GIROUILLE

Depuis des années, je connaissais Jean-Pierre et son fameux chien Zorro. C'était lui qui nous avait accompagnés et tirés d'un bien mauvais pas, lors de cette descente dans le « club » privé.

Du coup, je l'avais passé à la drogue.

Un soir, je fais un entraînement avec lui dans un train. Zorro a fait trois découvertes dans les wagons. Nous redescendons, et, en sautant sur le quai, le chien se reçoit mal et reste couché. On voit qu'il souffre ; un petit gémissement lui échappe de temps à autre.

Rien de visible, mais il n'est pas bien, c'est sûr. A mon avis, il s'est froissé un muscle.

Je dis à Jean-Pierre :

— C'est fini pour ce soir. Si demain ton chien ne va pas mieux, emmène-le chez le vétérinaire.

Zorro est mort dans la nuit. Il avait une tumeur qui avait éclaté quand il avait sauté et il avait fait une hémorragie interne.

Difficile de dépeindre la douleur de Jean-Pierre.

De plus, sans chien, que pouvait-il faire ? J'étais obligé de le remettre à la patrouille, lui qui était passionné par la recherche.

Il rôdait autour de nous, inactif, quand nous cherchions de la drogue. A force de l'avoir dans les jambes, j'ai fini par lui demander :

— Qu'est-ce que tu veux, à la fin ?

Je le savais bien, ce qu'il voulait... Et quelques jours plus tard, la providence, qui avait sûrement entendu nos prières, prit la forme du patron pour m'octroyer un chien.

Je l'ai donné à Jean-Pierre.

Ce fut le fameux Suros.

Et Jean-Pierre fut mon deuxième mousquetaire.

Il y avait aussi un jeune, Gérard. Ce garçon voulait entrer dans une équipe de drogues. Nouveau miracle : je venais de toucher un chien, Ranco, pour la section « explosifs ». Il me fallait maintenant lui donner « son homme »...

J'avais bien demandé des volontaires, mais, comme on savait la vie que je faisais mener à mes gars, personne ne s'était présenté.

Gérard tombait donc à pic. Mais je faisais — faussement — ma mauvaise tête.

— Non, la « drogue » a suffisamment d'hommes. Maintenant, si tu veux tenter l'aventure...

— Quelle aventure ?

— Les explosifs.

On aurait dit que je lui demandais de faire sauter la tour Eiffel.

— Mais c'est que je n'y connais rien, moi !

— C'est ça ou la patrouille !

— Mais il y a Suros.

— Tu seras le second...

— Et si je n'y arrive pas ?

— Tu connais Guillaume d'Orange ? C'est lui qui disait : « Il n'est pas nécessaire d'espérer pour entreprendre... »

Le lendemain, Gérard me donnait son accord. Il fut le troisième mousquetaire.

Il en fallait un quatrième : ce fut Jean-Yves et son chien Uépo.

Par la suite, plus fort qu'Alexandre Dumas, j'en eus beaucoup d'autres.

Par exemple...

Avec l'accord du patron, je pouvais prendre deux autres chiens.

Mais deux chiens, c'est aussi deux hommes...

Mon vivier normal était la patrouille, mais ou bien ils

ne voulaient pas de moi, ou, s'il y en avait un qui disait « oui », c'était moi qui disais « non ».

Il fallait des hommes qui correspondent à mes critères : passionnés, patients, curieux, faisant passer leur travail avant tout, même leur vie familiale... et me supportant, ce qui n'était pas le plus facile.

J'avais repéré deux gars dans une autre patrouille que la mienne.

Deux pestiférés pour leur chef — un vrai fonctionnaire, lui, pour qui « l'heure c'est l'heure »...

De plus, l'un était un syndicaliste — l'horreur ! L'autre passait pour être invivable.

En fait, c'étaient deux garçons motivés qui auraient voulu s'entraîner de nuit, dehors, sans se soucier des heures de service.

Ces deux-là m'auraient bien plu... mais on m'avait dit aussi qu'ils ne pouvaient pas se blairer. Les mettre côte à côte dans une équipe « explosifs », où il est obligatoire de bien s'entendre et de travailler la main dans la main, ne me tentait pas non plus.

Ma surprise fut d'autant plus grande quand ils sont venus me trouver : ils voulaient entrer chez moi !

Malgré mon instinct qui me disait : « Ils sont faits pour toi », j'hésitais.

Ils n'avaient pas fini de m'étonner : ils « exigeaient » une affectation commune : ou je les prenais tous les deux, ou je n'avais personne.

Alors qu'au dire de tout le monde ils ne pouvaient pas se sentir...

J'ai compris... plus tard. En réalité, c'était la faute de leur chef qui les harcelait sans arrêt. Et comme il n'était pas question de s'en prendre à lui, quand ils avaient les nerfs à vif, ils s'engueulaient. Sinon, c'étaient deux copains.

Toutefois, avant de prendre ma décision, je convoque une réunion. J'ai cinq candidatures ; cela ne m'était encore jamais arrivé.

Mais aucun candidat ne me plaisait vraiment ; je penchais toujours pour mes deux brebis galeuses. Afin de mieux les connaître, je suis allé consulter leurs dossiers : ils étaient irréprochables.

Je décidai donc de prendre les deux.

Je le dis au patron.

— C'est votre choix, Girouille, faites comme vous voulez. Mais je suppose que vous le savez : ils passent pour n'être pas faciles.

— Je sais, patron.

Dès que mon choix a été connu, ç'a été un tollé. Pour les uns, j'introduisais les loups dans la bergerie ; pour les autres, c'était un mariage contre nature.

Même mes gars s'en mêlaient, m'agitant sous le nez, pour l'un, le drapeau rouge du syndicaliste, traitant l'autre de traître. Ce serait la fin du groupe, prédisaient-ils, unanimes.

Peut-être avaient-ils raison, mais, pour moi, l'intérêt du service passait avant tout et je « sentais » ces deux gars. J'ai dit que j'avais un nez de chien.

Je leur donne donc rendez-vous pour une première entrevue à mon poste du lac Saint-James : un minuscule pavillon, qui avait servi de resserre, autrefois, aux jardiniers du bois de Boulogne — deux bureaux, mais nous sommes chez nous.

Je suis toujours à l'heure. Et, ce matin-là, j'arrive encore plus tôt.

Et c'est moi qui suis piégé.

Mes gaillards sont là, debout, au garde-à-vous et le casque sur la tête.

Je les regarde, ahuri. Et, eux, d'une seule voix :

— Bonjour, chef.

Je ne comprends pas et, comme je ne comprends pas, je grogne :

— Qu'est-ce que vous foutez avec ce casque sur le crâne ?

— C'est pour nous protéger de vos éclats de voix !

Ces gars-là, c'étaient bien ceux qu'il me fallait ! Ils

avaient tous les deux de la personnalité, du caractère. Si j'avais encore hésité, leur insolence, pleine d'humour, m'aurait décidé.

J'étais sûr qu'ils étaient capables de se défoncer et de faire plus qu'on ne leur demandait quand ils étaient motivés.

Inutile de dire qu'ils furent de mes mousquetaires, et parmi les meilleurs.

9.

CHIENS DE CHASSE POUR EXPLOSIFS

Le drame auquel j'avais assisté, rue Marbeuf, me hantait, et, puisque j'avais l'accord du patron, il ne me restait plus qu'à trouver les chiens... et leurs « hommes » !

Je ne me faisais pas d'illusions. Il me faudrait pas mal de temps pour éduquer le chien. Il m'en faudrait autant pour « dresser » son maître, et il serait sûrement moins docile !

Déjà, les bergers allemands me posaient des problèmes : il me fallait une autorisation pour aller en chercher un à Cannes-Écluse, le « Saint-Cyr » des chiens. L'ennui, c'est qu'ils avaient déjà reçu la plupart du temps un début d'instruction et que ce que j'allais leur apprendre était le contraire de ce qu'on leur avait enseigné.

C'était une question de patience. En y mettant chacun du nôtre, le chien et moi, nous y arriverions.

Mais je ne devais pas oublier qu'il y avait de gros risques. Il ne fallait pas qu'une bombe éclate dans la gueule du chien, encore moins dans le visage de son maître.

On est en face l'un de l'autre : Suros, le chien, et Girouille, l'homme. Sérieux tous les deux. Je dis :

— Tu as deux ans. Ton instruction est faite. N'importe quel maître-chien dirait qu'un berger allemand ne s'éduque plus passé deux ans. En principe, il aurait raison. Eh bien ! Tu vas prouver le contraire. Tu vas désapprendre des choses et en apprendre d'autres. Il va falloir que tu te serves au maximum de ton nez. Mais aussi que tu apprennes à ne plus aboyer, à ne plus prendre dans ta gueule. Ce qui est le contraire de ton instinct et de tout ce qui t'a été enseigné.

Je ne lui ai pas dit — l'homme a sa fierté — que j'allais devoir, moi, le maître, m'éduquer en même temps que lui.

Il allait falloir que je parle « chien », mélangeant paroles et gestes.

Ne pas toucher à l'objet recherché, ne pas s'en approcher, cela, je savais comment le leur enseigner : j'en avais fait l'apprentissage avec Vanzy et les drogues dures.

Mais comment empêcher un chien d'aboyer ? Or, c'était presque le plus important : le moindre bruit, je le savais, pouvait déclencher un dispositif particulièrement sophistiqué et le faire exploser.

Bien sûr, toute la fin du dressage restait la même : fête, friandise et jeu.

Par la suite, quand j'aurai la chance d'avoir un chien vierge, c'est-à-dire sans aucune formation, j'irai plus vite. Mais ça ne se fera quand même pas en quelques jours.

C'est pourquoi je dis que, pour dresser un berger allemand à la recherche des explosifs, il faut bien compter une dizaine de mois et... deux kilos de chocolat.

Mais ça vaut le coup. Les résultats l'ont prouvé.

Vaincre l'instinct d'un chien — l'aboiement — n'est pas chose facile.

Aboyer, c'est pour lui l'équivalent de la parole.

Pourtant, dès le lendemain de mon discours à Suros, je commençais cette éducation « supérieure », assisté, évidemment par Vincent et Jean-Pierre.

Mon chien-cobaye, comme je l'appelais, allait — en me faisant remarquer ses fautes et... les miennes — m'aider à mettre au point ce qui était en fait antinaturel.

J'avais caché un morceau de H. Le trouver était un jeu d'enfant. Dès que Suros en est proche, il stoppe, comme je le lui ai enseigné. Mais, tout aussi normalement, il m'avertit de sa découverte par un aboiement.

Et c'est là que ça se complique !

Je vocifère : « On se tait ! »

Il en est tellement abasourdi que, du coup, il ferme sa grande gueule.

Je viens vers lui, en disant : « Chut, chut », mais, cette fois, au lieu que mon ton soit impératif, comme lorsqu'il fait une bêtise, il se fait doux, affectueux ; je le caresse :

— C'est bien, mon chien, très bien.

Je le gratte entre les oreilles, manifeste le maximum de satisfaction.

Il n'y comprend plus rien puisqu'il a été dressé à aboyer quand il a trouvé.

Mais il voit mon contentement, celui de Jean-Pierre et de Vincent. Il saisit qu'il nous a fait plaisir. Il remue le bout de sa queue. « C'est bien, très bien » ; je le lui répète pour le lui entrer dans la tête. Mais je ne me fais pas d'illusions : la partie n'est pas gagnée pour autant, ce serait trop beau. Suros a d'abord agi sous le coup de l'étonnement, puis pour m'obéir.

Tout le dit dans son attitude dubitative : « Qu'est-ce qui leur prend ? Ils ont fait une erreur, je devais aboyer ! Enfin, puisqu'ils le veulent... »

A voir son air embarrassé, presque gêné — celui du bon élève qui relève une faute grave dans ce que dit le professeur mais n'ose pas le lui faire remarquer —, je ne sais pas lequel a l'air le plus idiot, de lui ou de moi !

Bien entendu, à la recherche suivante, Suros aboie aussi fort qu'il peut. Je tente de l'arrêter par un : « On se tait », mais il continue, persuadé à présent que c'est moi qui suis dans l'erreur.

Je m'approche de lui et, de ma voix la plus sévère, j'ordonne : « J'ai dit : on se tait. »

Il me tient tête, aboie de plus belle.

CHIENS DE CHASSE POUR EXPLOSIFS

Ayant commencé sa carrière comme chien de patrouille, la première chose que Suros a apprise, c'est qu'il *doit* aboyer quand il trouve quelque chose.

Entre nous deux, c'est donc à qui l'emportera !

Cette fois, il ne s'agit plus de caresses ni de mots tendres.

L'œil furieux, je lui pince l'oreille, ce qui est l'équivalent d'une gifle pour un homme. Il se tait, mais je l'entends gronder sourdement. Il n'y comprend plus rien. Pourtant, comme il a quand même obéi, je fais celui qui n'entend pas et, tout en répétant : « Chut, chut... », je le caresse, le félicite.

Il nous a fallu beaucoup de patience pour arriver à un résultat définitif.

Et, quand je dis de la patience, je veux dire que nous avons bien recommencé cinq cents fois.

Jusqu'au jour où Suros a compris et a obéi de lui-même, où il a vaincu son instinct et n'a plus aboyé.

Mais ce que je n'avais pas dit à Suros pour ne pas le vexer, c'est que non seulement il allait falloir qu'il se serve de son nez, mais qu'il affine encore son odorat. Lequel, pourtant, n'est pas déjà si mauvais : un chien peut sentir jusqu'à un million de fois plus qu'un humain.

Or, j'avais remarqué qu'en particulier — par exemple dans la recherche d'un enfant perdu — les odeurs diverses de la rue, d'une maison, brouillaient les senteurs que cherchait Kiri.

Je le voyais tourner, retourner sur ses pas. Je savais alors qu'il avait perdu la ligne rouge, celle de la piste qu'il suivait. Je devais le ramener en arrière pour qu'il la retrouve. Or, lui avait quand même eu, à l'origine, une senteur-signal : celle d'un vêtement, d'un objet ayant appartenu à la personne disparue.

Ici, plus rien. Nous ignorons quel explosif nous recherchions. Le chien devait donc se fier uniquement à sa propre mémorisation des odeurs.

Les explosifs sont nombreux : les dynamites (il y en a plusieurs sortes), la penthrite, les tolites, l'irémite... et, chaque jour, on en invente de nouveaux.

Si les drogues dures n'ont presque pas d'odeur, en tout cas, pour un homme, les explosifs en ont encore moins.

Il me fallait donc, comme je l'avais fait pour les drogues en employant d'abord le H, prendre pour commencer l'explosif ayant la senteur la plus forte : la dynamite. Et ne pas radiner sur la quantité : un kilo, deux au besoin. Au fur et à mesure des leçons, je diminuais la quantité pour arriver à un bâton, un demi-bâton... jusqu'à cinq grammes !

Le jour où je commence l'éducation de Suros, nous sommes quatre à être émus. Le chien, moi, et, un peu en arrière, nous regardant, avec une intensité telle qu'ils en oublient de parler, Jean-Pierre et Vincent.

Je ne le montre pas, mais je ne suis pas tellement fier...

Depuis quarante-huit heures, je me remémore ce que m'ont dit le « saltimbanque » et le « savant », ainsi que tout ce que j'ai glané ici et là dans des articles, des conférences, des conversations. Je sais que Vincent et Jean-Pierre croient en moi. Il s'agit de ne pas les décevoir, et encore moins de rater le dressage de ce premier chien détecteur d'explosifs. Le patron aussi m'a fait confiance en m'autorisant à entreprendre ce que personne, en France, n'a encore tenté.

S'ils savaient mes craintes et mon inquiétude...

C'est pourquoi je m'adresse d'abord à Suros : il me comprendra mieux que les hommes.

Pourtant, je ne peux pas dire que les choses aient bien commencé entre nous...

Quelques jours avant le début de son éducation, nous nous réunissons, Jean-Pierre et moi.

Je parle avec véhémence et mes éclats de voix inquiètent le chien. Il y a peu de temps qu'il a adopté Jean-Pierre, son maître, et moi, l'étranger, que viens-je faire là-dedans ? Il me regarde d'un air soupçonneux, tourne autour de moi sans que j'y prête grande attention, tout à mon exposé. Mes bergers allemands ont toujours été doux comme des moutons.

Et, dans le feu de la discussion, j'envoie une grande bourrade à Jean-Pierre.

Je n'ai pas le temps de dire « ouf », un fer rouge me brûle le dos. Suros est retombé sur ses pattes après avoir bondi sur moi. Il vient de défendre son maître.

Je n'ai rien à dire. Il est dans son droit.

Agressif, il grogne, découvrant une gueule pleine de crocs...

Par la suite, tout s'est arrangé. Après force explications de Jean-Pierre, Suros a compris que j'étais le professeur qui enseignait à son maître et à lui. Il me respecte, m'écoute, et va, pendant des mois d'éducation, apprendre patiemment tout ce qui est contraire à son tempérament et à son instinct. Pourtant, il aurait été si content de prendre l'explosif dans sa gueule pour le rapporter à son maître, si fier d'aboyer sa joie d'avoir trouvé.

En fait, j'ai les mêmes problèmes avec lui qu'avec Vanzy pour la drogue, mais cent fois plus délicats.

Nous y avons mis, Vincent, Jean-Pierre et moi, toute notre patience.

Soyons juste, Suros aussi.

On a connu ensemble, en même temps que les espoirs, les pires misères.

Mais gronderie, répétitions, chocolats, jeux — on y est arrivé.

C'est le jour J. Suros, premier chien dressé à la découverte des explosifs, va être présenté aux officiels.

Tous les services sont représentés : artificiers, P.J., état-major...

Mon patron direct, celui qui m'a fait confiance, m'octroie un petit sourire d'encouragement. S'il savait comme j'en ai besoin ! Je le sens tendu, lui aussi. Il a pris un risque en me donnant cette autorisation. Et puis je crois qu'il m'aime bien.

C'est au chef artificier que je demande de cacher l'explosif, puis Suros et Jean-Pierre entrent en scène.

Bricole, mise en travail, Suros cherche attentivement ce qu'il ignore, mais qu'il sait caché. Jean-Pierre lui a enlevé sa longe pour qu'il soit bien à son aise et puisse travailler sans être gêné.

Ce n'est pas le chien que j'observe de la place où je suis, mais son maître.

Et je fais un signe à Vincent, qui me répond par un mouvement de tête. Tous deux nous venons de nous apercevoir que Jean-Pierre panique.

Cela arrive souvent : une fois éduqué, le chien est sûr de lui, il n'éprouve aucun sentiment de crainte et fait son travail comme il l'a appris... tant que son maître l'épaule.

Il n'en va pas de même pour l'homme, trop axé sur lui-même, alors qu'il doit devenir en quelque sorte le double de son chien, recevoir, à travers lui, ses perceptions.

Et ce que je craignais se produit.

Suros s'est couché à deux mètres de la charge cachée. Il attend que son maître lui dise : « C'est bien. »

Or, au lieu d'être affirmatif, Jean-Pierre hésite. Je vois ses mains trembler, les gouttes de transpiration de l'angoisse ruissellent sur son front... Il bafouille des ordres contradictoires. Et, bien sûr, Suros ne le « sentant » plus, perd lui aussi ses moyens, doute de lui, se relève, divague de droite à gauche, croyant qu'il a fait une erreur.

Les officiels marmonnent, hochent la tête, esquissent une moue réprobatrice.

Alors, Suros revient à sa place première. Il en est sûr : c'est bien là qu'est l'odeur qu'il doit trouver. Que fait son maître ?

Il tourne la tête vers lui et... c'est Vincent et moi qu'il voit.

Repoussant sans douceur Jean-Pierre — à qui je murmure un : « Tire-toi, tu déconnes » —, j'arrive près de Suros, le flatte : « C'est très bien, mon chien ».

Oui, c'est très bien ; il ne s'est pas trompé : l'explosif est là, caché dans un bidon, qu'il me désigne nettement de son museau pointé vers lui.

Mais il y a quand même un doute chez les officiels. Ils ne sont pas du tout convaincus que cette recherche d'explosifs par un chien sera exploitable dans une situation d'attentat réel.

Ils s'en vont, mi-figue, mi-raisin, discutant entre eux du pour et du contre.

Je suis doublement ennuyé : pour nous et pour mon directeur. C'est pourtant lui qui va nous sauver la face.

A voix haute, pour que tous l'entendent bien, il me lance :

— Girouille, quand pourrez-vous nous refaire une démonstration... impeccable ?

— Dans un mois, patron,

J'ai dit ça sans réfléchir. J'aurais aussi bien dit une semaine ou un an.

Mais je m'étais fixé un délai ; il fallait que je le respecte.

Vincent et moi restions, heureusement, persuadés que, malgré ce demi-échec, le chien et son maître pouvaient arriver à quelque chose.

Le travail aidant et... les colères du père Girouille !

— Tu n'as pas su l'encourager au moment voulu. Il avait trouvé, et toi tu es resté là comme une marmotte. Tu t'es conduit comme une mauviette, un incapable !

Les injures fusent. Vincent se tait. Tête baissée, Jean-Pierre reçoit ma fureur. C'est aujourd'hui qu'il aurait bien besoin de ce fameux casque pour se préserver de mes éclats de voix.

— Tu as tout gâché. Si tu ne rattrapes pas ça d'ici un mois, la cellule « explosifs » est dissoute, c'est sûr. Et toi, tu te retrouves à la patrouille.

Nous sommes dans le parking privé qu'une brave femme de concierge — adorant les chiens et veuve d'un gardien de la paix — nous ouvre en catimini pour que nous puissions y entraîner nos bergers allemands.

Tout s'y trouve : l'atmosphère — un parking en sous-sol

éclairé électriquement, mais avec parcimonie ; les odeurs humaines des conducteurs ; celles — essence et huile — des voitures. Pour faire bon poids s'y ajoutent les senteurs multiples des poubelles qui sont rangées là.

Un endroit idéal. Un vrai paradis souterrain pour la recherche.

Quand même, lorsque je pense que j'en suis réduit à mendier chez les particuliers parce que mes chiens — ceux de drogue compris — ne sont pas encore reconnus officiellement...

C'est pour cela que je pousse un nouveau coup de gueule. Il est destiné à l'administration, mais retombe sur le malheureux Jean-Pierre.

Sous l'orage, il la boucle.

— Dire que la veille tout allait bien, et que, par ta connerie, tu fous en l'air dix mois de travail !

— Mais, chef...

— Tais-toi, tu n'as pas su agir au moment voulu. Tu t'es conduit comme une fillette.

L'air piteux de Jean-Pierre finit pourtant par m'attendrir.

— Allez, dis-je, on reprend tout du début.

Un mois plus tard, comme je m'y étais engagé devant le directeur, nous repassons devant la commission chargée de statuer sur notre sort.

Et là, succès. Le chien et le maître en symbiose totale font une démonstration qui emporte tous les suffrages.

Suros est devenu le plus célèbre de mes chiens détecteurs d'explosifs.

Un an après sa formation, je rédige mon rapport pour le commissaire principal de police chargé de l'unité cynophile, « le patron ».

En principe, je n'aime pas tellement les rapports, mais,

celui-ci, c'est avec une certaine fierté et beaucoup de plaisir que je le commence :

« OBJET : Mission de représentation aux " 48 heures du chien de Marsais-Sainte-Radegonde ".

« Remise de la coupe d'or attribuée au chien de police Suros comme premier chien français détecteur d'explosifs. »

Je m'arrête d'écrire, revis ces quelques heures d'émotion et de fierté.

Dès neuf heures vingt, Suros, Jean-Pierre et moi nous trouvons dans le stand représentant la préfecture de police.

Les visiteurs s'arrêtent devant Suros. Il se tient très bien, oubliant son agressivité devant ses admirateurs. Quand on est une vedette...

D'ici à ce qu'il appose l'empreinte de sa patte sur la photo que vient de prendre un journaliste, il n'y a pas loin.

On se presse autour du stand : des jeunes avides de savoir. « Comment l'avez-vous dressé ? Est-ce que je peux le caresser ? » Et puis des hommes dont la compétence m'étonne.

C'est le lendemain soir, devant plus de dix mille personnes venues de tous les coins de France (et même quelques étrangers), qu'on a remis la coupe d'or du mérite canin 1983 à Suros.

J'y ai ajouté des chocolats...

Et, sur mon rapport, j'ajoute maintenant quelques lignes méritées : « Le conducteur du chien a toujours eu un comportement irréprochable, tant dans sa tenue que dans le respect des consignes données, accomplissant ainsi parfaitement sa mission de représentant de l'autorité. »

Traduit du dialecte officiel, cela signifie : « Bravo, Jean-Pierre, tu as gagné. »

Ce que le public ne savait pas — et qui ne le regardait pas —, c'est que, avant d'obtenir cette consécration, j'avais dû me battre contre le Centre national, qui n'y croyait pas, qui se moquait des fantasmes de ce Girouille qui voulait faire travailler ses chiens comme des hommes... Rechercher les explosifs... un chien... Il allait se les faire sauter dans la gueule, oui... Et dans la mienne par la même occasion !

Malgré le succès qu'avait remporté Suros devant la commission et les efforts du directeur, je n'arrivais pas à obtenir un autre chien. Ma section était limitée : un moniteur, un maître-chien, un chien !

Et voilà que le ciel, en qui j'ai toujours cru, une fois de plus vient à mon aide.

Il faut dire que, depuis que les hommes ont le téléphone, la providence se penche beaucoup plus souvent sur eux.

Une journaliste de *France-Soir*, Frédérique Césaire, m'avait déjà consacré plusieurs articles. Je l'appelle à son journal :

— Ça vous intéresserait de voir un chien rechercher des explosifs ?

Elle nous aimait bien, les bergers allemands et moi, et elle accepte aussitôt. Nous prenons rendez-vous, et je vais avoir une des plus merveilleuses surprises de ma vie.

Le lendemain, en première page de *France-Soir*, il y a la photo de Suros et un article à sa gloire.

Cela a quand même fait du bruit à la préfecture de police !

Le patron m'a téléphoné :

— Girouille, vous pouvez aller au centre cynophile des armées prendre un chien.

C'était la première fois que cela arrivait : c'était une dérogation au règlement, mais j'avais l'aval du préfet de police. Jamais, jusqu'alors, quelqu'un du dehors n'avait eu le droit d'aller chercher un berger allemand au centre des armées pour le prendre sous sa propre responsabilité.

J'arrive à Suippes, près de Châlons-sur-Marne, où se trouve cette fameuse réserve, le plus grand centre canin en

CHIENS DE CHASSE POUR EXPLOSIFS

France, en principe réservé uniquement à l'armée. Quatre cents chiens ! Imaginez un peu le tapage que cela pouvait faire.

Je suis assailli par les aboiements.

Mais, au milieu de l'immense cour bordée de boxes, quelques militaires m'attendent avec le sourire et... quatre splendides bergers allemands.

Pour ce flic qui venait leur prendre un de leurs chiens, ils avaient, très gentiment, sélectionné les plus beaux.

Seulement, un berger allemand peut être magnifique, s'il ne correspond pas à mes critères d'éducation, il ne m'intéresse pas.

Et c'était le cas pour ceux-là.

J'étais bien embêté : il m'était quand même difficile de dire à ces gens : « Ce n'est pas ça que je veux. »

Je caresse les bêtes, je remercie les officiers, et puis je demande :

— Est-ce que je peux faire le tour des boxes ?

Bien sûr ! Ils étaient comme moi, ils avaient l'orgueil de leurs bêtes et étaient fiers de me les montrer.

Je commence lentement, prenant mon temps, et je tombe en arrêt devant un chien. D'instinct, tout de suite, je suis sûr que c'est celui qu'il me faut.

Il était gris.

Comme les visages autour de moi...

A la grande honte de tout le monde, je venais de choisir celui qu'ils ne m'auraient jamais offert : leur canard boiteux.

Pourtant, le berger allemand, à son origine, était gris, mais plus personne ne le sait aujourd'hui.

Et personne — ni eux ni moi — ne comprenait que, parmi quatre cents chiens, ce fût celui-là justement, que je désignais : le plus moche !

Il y avait parmi les militaires présents leur meilleur officier acheteur, le commandant Dinet, un homme extraordinaire, connu de toute l'Europe cynophile.

Il ouvre le box, sort le berger allemand, me tend sa laisse et dit avec un sourire :

— A la place de M. Girouille, j'aurais pris le même.

Ce chien gris, Ronco, une fois éduqué, a fait avec Gérard une carrière si brillante que M. Dutoit, directeur de la formation au ministère de l'Intérieur, a voulu le voir, et c'est avec lui que nous avons fait la « descente dans le métro ». Grâce à eux, j'ai eu beaucoup d'autres chiens par la suite.

Et notamment Tartare, chien de drogue, qui me valut un coup de fil du grand patron !

Un soir, nous sommes à la gare de Lyon en entraînement de nuit — j'ai fait toutes les gares de Paris.

Je descends, avec le maître de ce beau berger allemand « noir et feuille morte » (description du pedigree) et le moniteur, sur le quai où stationne le train qui nous est réservé. Derrière lui, un autre train, près de partir, mais auquel nous ne prêtons aucune attention.

Tartare fait une recherche impeccable dans un temps minimum. Grosse fête. Les trois flics jouent comme des gosses avec le chien. Je suis le premier à tirer sur le boudin de tissu que j'ai confectionné spécialement pour les chiens. Je tire, le chien tire de toutes ses forces, arc-bouté sur ses pattes. Et c'est fort, un berger allemand qui essaie de vous arracher quelque chose ! D'ailleurs, en fin de jeu, nous le laissons toujours gagner et partir fièrement avec sa conquête. Cela fait aussi partie, avec le mot « bravo », de sa récompense.

Nous sommes donc là, emportés par le jeu ; nous lançant le boudin afin que Tartare l'attrapât au vol, nous amusant autant que lui sans nous apercevoir que le train qui nous masquait vient de s'en aller. En face, sur l'autre quai, les passagers regardent, effarés, ces policiers qui jouent avec un chien.

Le lendemain matin, le grand patron me téléphone. Directement, ce qui n'arrive jamais.

Je suis légèrement inquiet :

CHIENS DE CHASSE POUR EXPLOSIFS

— Mes respects, patron.
— Dites donc, Girouille, qu'est-ce que vous avez fait cette nuit ?
— L'entraînement normal.
— Parce qu'on vient de m'avertir que des hommes portant apparemment des uniformes de flics jouaient avec un chien, hier, à onze heures du soir, sur un quai de la gare de Lyon.
— C'est-à-dire...
— J'avais bien pensé que c'était vous !

10.

LES AVENTURIERS DE LA MORT

Ce sont des hommes extraordinaires, les artificiers.
Ceux que j'appelle les aventuriers de la mort.
Mais, pour eux, ce n'est pas du cinéma.
Ils ne tirent pas des feux d'artifice. Ce sont eux qui empêchent qu'une bombe n'éclate, causant, comme rue Marbeuf, des dizaines de victimes.

La première fois que je les rencontre, sur le lieu d'un attentat à la bombe où je viens d'être appelé d'urgence, je suis d'abord étonné par leur sang-froid, leur précision ; ensuite, ma curiosité se porte sur leurs appareils : ils examinent une voiture, que l'on suppose piégée, à l'aide d'un miroir fixé au bout d'une longue perche. Cela fait un peu artisanal, mais voici qu'arrive, beaucoup plus sophistiqué, un robot téléguidé qui ressemble vaguement à un petit canon et qui manipule les objets douteux à l'aide de ses pinces. Par la suite, je verrai qu'il en existe d'autres, à eau, pour détruire ceux qui se révèlent être douteux ! Tout un arsenal, nouveau pour moi, et qui permet d'éliminer certains risques.

Certains seulement. Ces hommes exposent, avec un courage calme, leur vie, pour nous éviter de perdre la nôtre. Et s'ils nous font reculer avec nos chiens loin du périmètre dangereux, eux vont sans hésitation mettre leur vie en jeu.

J'ai pour eux toute l'admiration et le respect qu'ils méritent.

Dès que j'ai eu constitué la section « explosifs », nous avons travaillé ensemble chaque fois qu'il y avait une alerte.

Chose curieuse, qui m'étonnait toujours, partant chacun d'un point différent, nous arrivions au même moment, à une seconde près, sur l'endroit du rendez-vous qui nous avait été indiqué.

Évidemment, on avait fini par se connaître.

Le plus impressionnant d'eux tous était leur chef.

C'est un homme pas très grand mais puissamment musclé, qui irradie un tel sang-froid, une telle sûreté, que, dans cette atmosphère d'énervement et de crainte qu'est un attentat à la bombe, il rassure et sécurise.

A nos débuts, je n'avais encore que Suros comme chien détecteur d'explosifs.

Or, cet homme que j'admirais se trouva être alors un de nos plus grands détracteurs. Correct, certes, mais ne croyant pas que les chiens puissent être utiles. Cela, je le vis tout de suite.

Il obéissait aux ordres, me donnait les explosifs dont j'avais besoin pour le dressage, mais d'une manière presque indifférente. Il ne me voyait pas ; c'était comme si j'étais transparent pour lui.

Pour moi, cela ne pouvait pas continuer ; nous étions trop appelés à travailler ensemble et dans des conditions difficiles.

Un jour, au moment où, après m'avoir remis les explosifs, il allait partir, je le retiens :

— Quand nos chiens seront fin prêts, j'aimerais que vous veniez les voir.

Difficile de refuser : il m'était hostile, mais ne voulait pas se montrer désagréable.

Et, quelques mois plus tard, il me rend visite.

Entre-temps, je le savais, il s'était renseigné sur moi, mes méthodes, la manière dont j'éduquais les bergers allemands.

Je lui ai dit, à mon habitude, pour qu'il n'y ait pas crainte de tricherie :

— Au lieu que ce soit nous qui cachions la charge, j'aimerais que ce soit vous.

Il l'a fait, et le chien, sans effort, très vite et sans éparpillement, l'a trouvée.

Il ne m'a dit qu'un seul mot :
— Continuez.

Dans sa bouche, c'était un encouragement et un compliment.

C'est pourquoi je me suis permis de lui demander des conseils :

— Vous savez, l'enjeu, c'est la vie du maître et du chien. Il y a beaucoup de choses que j'ignore et que vous pourriez m'apprendre pour réduire les risques au minimum.

Ce qu'il m'a enseigné tient en dix commandements : dix commandements très simples, mais suffisants pour épargner une vie :

— Ne jamais toucher ni déplacer un objet suspect.

— Encore moins le jeter dans l'eau.

— Ne jamais rester à sa proximité.

— Ne pas transmettre de message radio à moins de trois cents mètres.

— Ne jamais croire ce qui est écrit sur une porte suspecte, un paquet, une boîte, etc.

— Évaluer les risques supplémentaires : pompes à essence, chaudière, dépôts de produits pharmaceutiques, poubelles placées à proximité d'un endroit suspect.

— Éviter toute vibration : claquements de portes, cris, aboiements, etc.

— Ne pas laisser toucher l'objet suspect par quelqu'un : homme ou... chien.

— Écarter toute personne qui se trouverait là.

— Ne toucher à rien tant que les artificiers ne sont pas arrivés.

Et enfin, pour nous, spécialistes, continuer les recherches, même l'explosif découvert, pour voir si d'autres charges ne sont pas dissimulées dans le secteur.

On devrait faire apprendre ces commandements aux enfants comme on leur enseigne ceux de Dieu. Humainement, ils sont aussi importants.

Moi le premier, je les ignorais.

Mon chien était, tout comme moi, un ignare : je pouvais toujours lui réciter ces commandements, il remuait poliment la queue, puis couchait les oreilles pour me faire comprendre qu'il n'y avait rien pigé.

Je devais toujours, m'avait aussi conseillé cet artificier, manier les explosifs avec des gants (comme ceux des chirurgiens) ou des pinces.

Pas seulement à cause de l'odeur du produit, mais de... l'emballage. Un sachet d'héroïne tient dans une enveloppe, mais allez faire tenir deux kilos — et plus — de dynamite dans une petite boîte !

Les emballages sont divers et parfois importants, et leur odeur risque de couvrir celle de l'explosif.

Je reverrai toujours la tête du patron lorsque je lui ai demandé l'autorisation d'acheter dix valises semblables : dans l'une, je dissimulai l'explosif et, dans les neuf autres, des placebos.

Il y avait alors à Paris une délégation du F.B.I. américain, venue voir comment nous luttions contre les terroristes.

Un soir, j'ai la surprise de recevoir un coup de fil de mon nouvel ami, le chef des artificiers :

— Girouille, je voudrais que vous fassiez aux Américains une démonstration de vos chiens.

Devant des gars du F.B.I., qui passaient pour être les plus forts du monde !

Ils ont caché la charge dans une bibliothèque, là où l'odeur des livres est suffisamment puissante pour gêner le chien.

Celui-ci — c'était Ronco — a fait le tour de la pièce, nullement impressionné, lui, par son public, et humant tranquillement l'air. Il s'est arrêté, pile, à un mètre cinquante de l'explosif.

Il avait mis exactement deux minutes et demie.

Je me plais à croire que les Américains ont été épatés.

DES CHIENS AU SERVICE DES HOMMES

Il y avait un autre homme avec lequel, bizarrement, car nous étions du même bord, je n'avais pas d'atomes crochus : le chef du C.N.F.U.C., le Centre national de formation des unités canines.

Chaque fois que nous nous rencontrions chez notre directeur, c'était à celui qui ferait le plus la gueule à l'autre.

Jusqu'au jour où, lors d'une réunion chez Roger Dutoit, le grand patron — un homme comme il faudrait qu'il y en ait beaucoup dans l'administration —, nous nous sommes empoignés, verbalement mais très fort.

Quand les représentants des différents services furent partis, le directeur nous jeta sèchement :

— Tous les deux, dans mon bureau.

Un moment de silence, et puis :

— Serrez-vous la main. C'est un ordre.

Un ordre auquel nous avons obéi, mais avec une grimace qui devait se voir.

Nous avons tout de même fini par échanger quelques mots, et nous nous sommes aperçus que nous étions tous les deux berrichons.

« Berrichon, tête de cochon », c'est connu !

De ce jour, nous avons commencé à nous entendre pour finir par devenir de vrais copains.

Ce qui m'a permis d'obtenir des chiens au Centre national de formation canine.

J'en avais bien besoin.

Artificiers, C.N.F.U.C., nous allions désormais travailler en commun.

Et nous battre ainsi, en symbiose parfaite, contre le terrorisme.

11.

DESCENTE DANS LE MÉTRO

---

20 septembre 1982
Je suis chez mon chef direct. Il me regarde d'un air aimable. Il ne m'a donc pas convoqué pour une engueulade, c'est déjà ça !

Un petit instant de suspense, puis :

— Girouille, grâce à vous, nous avons cinq chiens de drogue. C'est bien. Très bien, même. Mais il en faut davantage. J'ai besoin de vous. La préfecture a besoin de vous. Nous n'avons pas de gradé qui sache ce que vous savez. Alors...

Petit sourire :

— On va faire de vous un brigadier.

C'était la dernière chose à quoi je m'attendais... d'autant plus que je n'ai pas les diplômes requis par l'administration.

14 janvier 1983
Je revois la confirmation par écrit de ma nomination. Il n'a fallu que quatre mois et... ce n'est pas terminé.

13 juin 1983
Prise de fonction réelle avec mon galon sur l'épaule. Neuf mois pour faire un brigadier. Le temps qu'il faut pour mettre un enfant au monde. Normal !

DES CHIENS AU SERVICE DES HOMMES

Me voilà donc brigadier...

Mais, après le champagne, l'émotion et les félicitations, je me retrouve... sans chien à moi (Vanzy chauffe douillettement sa retraite au coin du feu) mais avec des clébards et des flics à dresser !

Et, à mon détriment, j'apprends en même temps que la guerre des polices n'est pas qu'un scénario de film policier !

Et aussi que, si Courteline est mort, les ronds-de-cuir existent toujours.

Si les jeunes, les « battants », veulent moderniser l'éducation canine, le Centre national de la police en tient, lui, pour la vieille méthode des chiens de patrouille, et ne veut pas entendre parler de « spécialistes ».

Certes, Vanzy a remporté de nombreux succès dans la recherche de la drogue ; il est difficile de le nier. Mais, les explosifs...

Je n'y mettais pas de fierté, peut-être de l'entêtement, mais il fallait maintenant que mes chiens soient reconnus « officiellement » afin d'obtenir de l'administration que je les entraîne en milieu réel : trains, métros, avions, restaurants, etc.

Faute de quoi, ils ne serviraient à rien qu'à faire du spectacle.

Les Français, lors des démonstrations, admireraient leur savoir-faire et rentreraient chez eux rassurés. Les chiens, eux, iraient de leur chenil à l'école, et de l'école au chenil !

Un matin, je suis convoqué dans le bureau du directeur de la formation de personnel de la police. Un très « grand patron » auquel je n'avais jamais eu affaire directement.

Je dis à ma femme :

— Qu'est-ce qui va encore me tomber sur le dos ?

Narquoise, elle me répond :

— De la pluie, pour sûr. N'oublie pas de prendre un parapluie.

Elle avait raison, un vrai déluge !

DESCENTE DANS LE MÉTRO

J'arrive, trempé, le cœur en boule, chez ce directeur, tout souriant, et bien au sec, lui, dans son bureau :

— Girouille, j'ai appris que vous n'étiez pas toujours d'accord avec le Centre de la police nationale.

Si je n'étais pas toujours d'accord... Autant dire « jamais », ça va plus vite.

Mais je fais taire ma grande gueule.

Un silence.

Le parapluie préconisé par ma femme et qui s'égoutte pour l'instant sur le parquet ciré ne me sera pas ici d'un grand secours !

— Dites donc, Girouille, reprend enfin le directeur, ça vous ennuierait de me faire une démonstration ?

On m'aurait nommé général que j'aurais été moins stupéfait et — que l'on me pardonne — moins fier.

Nous prenons rendez-vous pour la semaine suivante, le temps pour moi de tout organiser.

Ronco est assis devant moi, attentif à la moindre inflexion de voix, au moindre geste.

A côté de lui, son maître Gérard, presque aussi attentif que son chien.

— Écoute, Ronco, ça va être ton jour de gloire ! Alors, pas d'erreur. On va répéter une dernière fois, compris ?

Il m'envoie un grand coup de langue en signe d'accord. Ça ne fait pas du tout partie de l'éducation d'un chien sérieux, dressé à la recherche des explosifs !

Nous nous dirigeons vers le métro, sans doute parce que c'est un lieu propice aux attentats.

J'obtiens, sans difficulté, qu'on me prête un train au terminus de la porte Dauphine.

Je présente cérémonieusement Ronco, le « héros » de notre expédition, au directeur. Puis son moniteur, Vincent, et son maître, Gérard.

Je montre discrètement ma carte au guichet et nous passons

avec les usagers, dont seul nous distingue le berger allemand que suivent des regards vaguement étonnés. A part un yorkshire dissimulé sous un manteau ou un chien d'aveugle, il y a peu de chiens qui prennent le métro. Mais comme Gérard, Vincent et moi sommes en uniforme...

Il y a tout de même un détail qui fait tiquer — et s'écarter — les gens autour de nous : un quatrième larron nous suit, portant un paquet sur lequel est marqué en grosses lettres DYNAMITE.

On ne peut pas être plus discret !

Une petite vieille hésite, s'y reprend à deux fois, puis vient vers nous.

— Pardon, monsieur l'agent, mais, votre berger allemand — elle se tient prudemment à l'écart de Ronco — il y a quelque chose à craindre pour que vous l'ayez amené ? On ne risque pas un hold-up au moins ?

Je la rassure :

— Mais non, madame, c'est une ronde de routine.

Elle sourit, soulagée, et replonge parmi les voyageurs, aussitôt remplacée par un gamin de quatorze, quinze ans...

— C'est un chien de police, m'sieur ?

— Oui, mon garçon.

— Il est beau. J'aimerais tellement en avoir un comme ça, mais mes parents ne veulent pas. Dites, je peux le caresser ?

A l'œil pétillant de mon directeur, je vois que tout cela l'amuse beaucoup. Ce brouhaha, cet intérêt, ces questions des Parisiens, il faut être habitué à la rue, comme nous, pour ne pas y prêter attention.

Sur le quai, laissé vide par ordre, il n'y a que nous.

Je me tourne vers le directeur :

— Nous allons remonter avec le chien, en vous laissant... ça.

Ça, c'est le paquet de dynamite que le gars qui le porte tient à peu près comme un curé le saint sacrement.

— Vous le cachez où vous voulez et, quand ce sera fait, vous voudrez bien venir nous prévenir. Nous mettrons Ronco à sa recherche.

— D'accord.

DESCENTE DANS LE MÉTRO

Il s'amuse nettement plus que dans son bureau à remplir des paperasses, le haut fonctionnaire !

Mais pas Gérard ! De grosses gouttes de sueur perlent sur son front, ses yeux reflètent l'affolement le plus absolu. Lui que je n'ai jamais vu avoir peur, même dans les pires circonstances, le voilà qui panique : c'est qu'il met son point d'honneur à ce que son chien soit le mieux dressé, le plus intelligent, le plus parfait... Et si, aujourd'hui, il allait faillir !

Je fais celui qui ne s'aperçoit de rien, et c'est au chien que je m'adresse :

— Allez, Ronco, viens, on va se promener.

« Promener », mot clef qui le fait entraîner son maître vers la sortie.

Mais, quand nous sommes assez loin du patron, je demande à Gérard :

— Qu'est-ce qu'il t'arrive ? T'as les chocottes ?

Il murmure :

— Le directeur...

— Eh bien, quoi ! Tous les matins, il se rase comme toi et moi, et à midi il déjeune. De plus, c'est un type bien ; on ne peut pas en dire autant de tous.

Nous arpentons la contre-allée. Je fais ce que je peux pour remonter le moral de mon bonhomme. Plus intelligemment, Ronco décide de le faire jouer.

Et, quand le directeur vient nous chercher, il trouve la noble police française en train de s'amuser avec un bon gros toutou qui, dans sa joie et sans respect, se jette affectueusement sur lui.

Un bref « Au pied » remet tout en ordre.

Revenu sur le quai, Gérard passe sa bricole à Ronco, et on « cherche ».

Trois minutes ne se sont pas écoulées que déjà Ronco se couche. Silencieusement. Il sait qu'il ne doit pas aboyer, et se tenir même à une certaine distance du placard vers lequel il pointe son museau.

En principe, ce placard contient un extincteur. La dynamite est là aussi : une bonne cachette !

DES CHIENS AU SERVICE DES HOMMES

L'expérience est concluante !

Gérard s'éponge le front et va jusqu'à esquisser un sourire. Ronco, d'un coup de tête sur ma main, réclame son dû, un caramel mou...

Mais le plus heureux de tous est, sans contredit, celui qui m'aura soutenu jusqu'à la fin, notre grand directeur. Familièrement, mais respectueusement, je dirai de lui que c'est un type épatant !

Ce « bravo Girouille » et sa tape sur l'épaule sont non seulement un compliment, mais aussi une promesse.

Maintenant — du moins, je le crois — les chiens détecteurs d'explosifs devraient être reconnus officiellement.

Étant donné les lenteurs de l'administration, je me doute néanmoins que ce n'est pas pour demain.

Tout ne marche pas toujours aussi bien, et c'est plus souvent de la faute du maître que de celle du chien.

En attendant que nos chiens soient officiellement reconnus, il faut continuer à les éduquer. Chaque jour, avec moniteur et maître, je les exerce. En ayant déjà obtenu l'autorisation, je choisis pour cela les endroits publics où l'on risque le plus de déposer une bombe, c'est-à-dire ceux où la foule est la plus dense.

Après le métro, j'opte pour une gare.

Dix heures du soir, gare Montparnasse.

Buffets et marchands de journaux sont fermés. Quais déserts ou presque, sur une absence presque totale de trains. Deux ou trois clochards sont couchés sur les sièges inconfortables de la salle d'attente, à côté d'une petite vieille qui les observe, l'œil inquiet et les mains crispées sur son sac.

L'atmosphère des grandes gares la nuit, c'est un peu celle des romans de Simenon : angoissante et absurde ; on sent que tout peut se passer et que rien n'arrivera.

DESCENTE DANS LE MÉTRO

La raison contre l'instinct. Mais, en cette période d'attentats, la raison c'est parfois l'instinct.

Quelques voyageurs arrivent pour prendre un train de nuit, et piétinent devant le tableau des départs, comme si leur énervement pouvait avancer l'heure du départ.

A même le sol, avachis sur leurs sacs de camping, trois punks en jean artistement déchirés s'épargnent le prix d'une chambre d'hôtel. L'un d'eux se lève, s'étire. Grand, les cheveux rasés autour d'une magnifique crête de cheveux d'un violet du plus bel effet, il jette un coup d'œil méprisant autour de lui et crache la gomme qu'il mâchait en direction de ce groupe de trois policiers, en uniforme bleu et calot, insolites à cette heure et dans cet endroit.

A leurs pieds, assis, aussi sages que l'image enfantine du bon gros toutou, deux bergers allemands. Pas un poil ne bouge, ni des hommes ni des chiens, quand Houppe violette déclare à la cantonade que « c'est une honte de dresser de braves chiens pour en faire ces bêtes sauvages prêtes à se ruer sur les jeunes pour les dévorer » !

Je ne peux m'empêcher de sourire. Cent fois, j'ai entendu ainsi un junior transformer ma « bête » en lion sauvage qui va lui sauter à la gorge pour lui arracher le joint que son copain vient, rituellement, de lui passer.

Pourtant, cette brute affamée de sang — Suros, en l'occurrence — ne pense sûrement pas à un bifteck. Il ne grognerait même pas si, héroïquement, Toupet Violet venait nous demander ce que nous faisons là au lieu d'être dans nos lits. Il remuerait plutôt la queue pour un amical bonsoir.

Mes deux hommes (un opérationnel, Jean-Pierre ; l'autre en formation, ainsi que son chien), radio de bord au cou, mais décontractés, regardent, amusés, les jeunes qui se déplient, ramassent leurs baluchons et s'éloignent, en ricanant des pestiférés que nous sommes.

En même temps qu'ils s'en vont arrive le train parti de Nantes deux heures auparavant.

Tout d'un coup, la gare a changé complètement d'aspect.

103

Quasiment vides deux secondes auparavant, les quais ressemblent maintenant à une fourmilière dans laquelle on aurait envoyé un coup de pied. Des voyageurs pressés, valise à la main, grognant à la recherche d'un chariot introuvable, se dirigent vers les sorties, aussi précipitamment que si leur vie en dépendait.

J'ai ainsi vu courir dans tous les sens des femmes, des hommes lors de l'attentat à la bombe de la rue Marbeuf...

Je n'étais alors que maître-chien. Aujourd'hui, brigadier « hors rang » (pourquoi « hors rang » ? C'est encore un des mystères de l'administration), j'ai sous mes ordres sept flics — dont deux femmes — et autant de bergers allemands. Quatre pour — ou plutôt contre — la drogue, et trois « explosifs ».

Ce sont deux de ces derniers qui sont avec moi, et leurs maîtres.

— Hé ! Michel, on va bientôt pouvoir aller travailler ?

— Ce serait pas trop tôt, bougonne l'autre. J'ai pas envie de rentrer chez moi à minuit. La bourgeoise va encore râler. C'est pas un métier pour un homme marié !

— Fallait pas te marier, ou pas être maître-chien !

Nous rions tous les trois. En fait, mes hommes sont joyeux comme des gosses à qui le père Noël vient d'apporter un nouveau jouet. Et quel jouet ! Un train...

Cinq minutes ne se sont pas écoulées depuis l'arrivée de celui de Nantes, et déjà les quais sont à nouveau déserts. Même Toupet Violet et ses copains ont disparu, happés par la marée humaine.

— On y va !

Le museau des chiens frémit. Leurs oreilles se dressent, un bout de queue remue. Ils « sentent » que leur heure est venue et ils n'attendent plus qu'un ordre pour faire leur métier : chercher et... trouver.

Je passe un gant : il ne faut pas que ce soit mon odeur que le chien reconnaisse mais celle de ce paquet enveloppé de papier journal que Suros hume déjà... Je vois sa grosse truffe noire frissonner quand je m'approche de lui. Mais, n'étant pas mis en

« condition de travail », il ne bouge pas. Son cadet, encore en apprentissage, doit nous prouver ce soir ses qualités.

Si nos chiens savaient le langage humain, sûr qu'ils nous diraient tous les deux ce que ce paquet contient : « Tolite ». Un explosif extrêmement puissant et de plus en plus employé par les terroristes.

— Bon, restez là... Je reviens vous prendre quand je l'aurai caché.

Je me dirige vers un quai de banlieue. Un train vide y stationne, que m'a prêté la S.N.C.F. C'est dans un de ses wagons que je vais dissimuler mes quatre cents grammes d'explosifs. Mes lascars seront chargés ensuite de les découvrir.

Curieux de voir ce qui va se passer : c'est la première fois que nous faisons une recherche d'explosif dans un train.

Je parcours les wagons vides et me décide pour une classe de première à l'ancienne : deux banquettes en vis-à-vis et, sous la fenêtre du compartiment, la petite poubelle où les voyageurs jettent papiers sales et mégots. Elle sent le tabac froid et cela me plaît bien : cette odeur camouflera celle de l'explosif.

Une difficulté de plus pour les chiens !

Je reviens vers mes gars :

— Ça y est !

On repart, le sourire aux lèvres.

C'est idiot, mais c'est vrai que, moi aussi, j'ai cette impression de môme : un jeu de cache-tampon !

J'ai caché quelque chose qu'il faut qu'*eux* trouvent.

Eux marchent « au pied », à gauche du maître, ne dépassant pas d'un centimètre le genou de celui-ci.

Nous voilà devant le train. Je flatte Suros.

— A toi l'honneur, champion !

Tandis que l'« apprenti » est mis à l'arrêt par son « homme », Jean-Pierre passe sa bricole à Suros. Cet acte simple en soi, et incompréhensible pour les profanes, est la « mise en condition ». De cet instant, le berger allemand sait qu'il va travailler. Il monte, tranquille, les trois marches. Derrière lui, Jean-Pierre tenant la longe, et moi en troisième.

Le chien flaire... en bas, en haut, renifle quelques secondes le placard où les voyageurs déposent les valises trop importantes et où stagnent, évidemment, des odeurs. Mais aucune de celles qui intéressent le chien. Sans s'occuper de nous, il passe dans le wagon : un long compartiment de seconde aux fauteuils alignés les uns derrière les autres, sur deux rangées.

Un rapide examen : Suros hume l'atmosphère, truffe dressée. Rien d'intéressant, à première vue. Il commence le travail en profondeur. Dessous du siège d'abord. Il en ressort à reculons. Qui a dit que les chiens ne savaient pas marcher à reculons ?

Sans vergogne, il saute sur le siège, le flaire soigneusement dans tous les coins, puis se dresse, pattes avant posées sur le dossier, pour sentir en hauteur. Un peu plus longuement, comme à l'entrée, et pour la même raison ! Les valises qui ont été posées sur le porte-bagages ont laissé des odeurs imperceptibles pour nous autres, simples humains, mais fortes pour le chien. Il s'agit donc pour lui d'être sûr qu'elles n'en dissimulent pas une autre : celle qu'il cherche.

Toutes les rangées y passent, siège par siège. C'est un régal de le voir travailler : ce n'est pas pour rien qu'il a été qualifié de « meilleur chien de France » !

Wagon passé au peigne fin, Suros se dirige vers le suivant, décontracté, l'air de dire : « Vous vous fichez de moi ; il n'y a rien d'intéressant là-dedans ! » Il doit penser qu'on lui fait perdre son temps ; je le verrais hausser les épaules que je n'en serais pas étonné. Jean-Pierre, lui, est tout le contraire de son chien : ramassé sur lui-même, noué, les nerfs en boule. C'est drôle, mais je l'ai toujours constaté et sur moi le premier : chaque fois qu'il s'agit d'un exercice, le maître est inquiet, il craint que le chien ne se trompe, ou... que lui ne sache pas lire sa bête ! Alors que, dans une action réelle, il perd cette crainte, ne fait plus qu'un avec l'animal, ressent dans tout son corps les sensations du chien. La réalité passe par-dessus tout autre sentiment que l'ardeur de la recherche.

Encore un wagon et nous arriverons à celui où j'ai dissimulé mon pain de tolite. A voir Suros, je m'inquiète, mais pour une autre raison : ma cache est trop facile. Au premier coup de nez, il sentira l'explosif.

Nous y voici. Suros cherche et ressort sans avoir rien trouvé !

Je ne bronche pas, mais à l'intérieur je panique. Il n'est pas possible qu'un chien comme celui-là n'ait pas découvert la charge.

Je me suis sûrement trompé de wagon ! C'est dans un autre que j'ai planqué la tolite. Je m'engueule, furieux de ma distraction, mais impassible en apparence. Il ne s'agit pas que le grand chef perde la face devant un de ses maîtres-chiens. Nous continuons la recherche. Je guette les compartiments de première, persuadé à chaque fois que c'est dans celui-là que...

Et, chaque fois :

— Négatif, affirme Jean-Pierre.

Ce qui me met les nerfs à vif. Je le vois trop bien, que c'est négatif ! Je n'ai pas besoin qu'il me le fasse remarquer.

Aux deux tiers du train, j'abandonne. Il n'y a plus ensuite que des wagons de seconde.

Sur le quai où nous sommes redescendus, Jean-Pierre lâche, inquiet, un brin goguenard aussi :

— Dis donc, chef, tu es certain que tu ne t'es pas trompé de train ?

Je sens la colère faire une boule dans ma gorge. Et pour l'en sortir, coup de gueule du père Girouille :

— Tu me prends pour un minus, ou quoi ? La tolite est cachée là. C'est ton chien qui n'a pas été foutu de la trouver.

Immédiatement Jean-Pierre prend la défense de sa bête. Tout maître-chien aurait le même réflexe :

— Suros n'a jamais raté une prise !

— Tu as raison. Ce n'est pas ton chien qui est dans son tort. C'est toi qui ne sais pas le lire. T'as un œil de taupe. Il faut recommencer l'investigation.

Et on repart ! On refait le chemin en sens inverse. Le chien reprend son travail sans entrain. Repasse à la hauteur de la charge et ne marque toujours rien. Merde ! J'ai bien surveillé :

107

ce n'est pas de la faute de Jean-Pierre. Il y a quelque chose que je ne comprends pas.

Je dis au second maître :

— A toi, et à ton chien ! J'espère que vous serez plus malins.

Suros a baissé les oreilles : il sent la tension entre nous ; mais, surtout, je crois qu'il est vexé de n'avoir rien trouvé.

Et le cirque recommence avec l'autre berger allemand.

Même chose ! Bête et gars se retrouvent, penauds, sur le quai, après avoir fait tous les compartiments.

Je grogne, mauvais, et de mauvaise foi :

— Ce n'est pourtant pas difficile. Suivez-moi, je vais vous montrer où il est, ce fichu pain.

Je me dirige tout droit vers mon wagon de première, aussi sûr de moi que le bon Dieu, remets mes gants, soulève le couvercle, plonge la main dans la petite poubelle...

Rien.

On se regarde. L'angoisse me donne des sueurs. Jean-Pierre dit mollement :

— Faut refaire le train.

On le refait.

Rien.

Quatre cents grammes de tolite en balade dans la nature !

Inutile de se raconter des histoires. Je récapitule, aussi bien pour mes gars que pour moi :

— C'est bien ce train, c'est bien ce wagon...

Dix minutes de questions sans réponse, ou plutôt une seule : entre le moment où j'ai caché la tolite et celui où je suis revenu avec mes hommes et leurs chiens, quelqu'un est passé et s'en est emparé.

On est là, tous les trois, comme des idiots. Les chiens, « au pied », ont couché leurs oreilles, signe de perplexité.

Jamais une gare vide ne m'a semblé aussi vide, aussi sinistre.

Puis nous nous mettons à parler tous à la fois. Les

suppositions les plus extravagantes se heurtent toutes à la même impossibilité :

— Quelqu'un de caché dans le train... Tu as été suivi... Les hippies... Houpe violette...

— Et pourquoi pas la petite vieille pendant que vous y êtes !

A toute vitesse, le film de la soirée se déroule dans ma tête.

Qui aurait pu savoir que ce paquet anodin contenait une livre, ou presque, de tolite ?

« Une fuite... Un terroriste qui a été mis au courant, c'est la seule explication. » Oui, la seule... « Heureusement (je tâche de me rassurer en rassurant les autres), heureusement, sans détonateur, il ne peut rien en faire. »

Maintenant, oui. Mais plus tard ?

Je finis par dire, et ça a du mal à passer :

— Faut rendre compte à l'état-major.

Je vois déjà les inspecteurs de la P.J. déboulant et se dispersant dans tous les coins de cette satanée gare à la recherche de l'explosif... J'entends l'engueulade du grand patron, le blâme officiel ; car, même si ce n'est pas de ma faute, ce sera quand même moi le responsable ! Mes hommes me regardent : nous pensons tous les trois la même chose.

Je sursaute, arraché à mes pensées par une bousculade : un train vient d'entrer en gare, déversant son flot de voyageurs. Les quais, vides il y a une seconde, grouillent maintenant d'hommes, de femmes, de mômes.

Et Jean-Pierre lance :

— Il choisit bien son moment. Si c'est un terroriste, il peut avoir un détonateur sur lui...

Subitement, comme sorti de mon cauchemar, je vois un petit bonhomme qui descend de « mon » train — réservé, interdit au public !

Le temps de faire signe à mes camarades, il a déjà disparu.

Et reparaît — c'est le même homme, j'en suis sûr —, se dirigeant vers le train de Nantes, vidé maintenant de ses voyageurs. Il s'apprête à monter dans un train dont tout le monde descend. Pourquoi ? Une seule réponse : la tolite.

Nous nous ruons vers l'endroit où j'ai aperçu l'homme, suivis de nos chiens qui gambadent joyeusement, croyant à un jeu puisqu'ils n'ont pas été mis en condition.

Il y a encore de nombreux voyageurs sur le quai, qui s'arrêtent pour nous regarder. Je me retiens de leur crier : « Mais fichez le camp ! Dans deux minutes ce train peut sauter... »

Malgré mon angoisse, je reste lucide. C'est quelque chose, le métier !

On ne sait pas ce que peut faire un chien qui voit son maître se bagarrer, si bien dressé qu'il soit. Sans m'arrêter de courir, j'ordonne :

— Mettez vos chiens à l'arrêt sur le quai : qu'ils ne montent pas dans le train !

Nous poursuivons notre course folle à travers les compartiments, jusqu'à ce que nous arrivions à celui où se trouve notre homme... penché sur un cendrier !

Avant d'avoir eu le temps de comprendre ce qui lui arrive, trois brutes l'empoignent, lui tordent les poignets. Il crie, plus de peur que de mal, en laissant tomber le cendrier, dont il allait jeter les mégots dans un grand sac noir qu'il tient à la main et qui est au deux tiers plein.

Notre « terroriste » est un poubelliste qui fait tranquillement son métier de nettoyeur de train.

Sous ses yeux ahuris, nous renversons le sac. Et, au fond, nous trouvons un paquet : ma charge d'explosif, toujours enfermée dans son papier journal.

Le poubelliste était monté dans notre train pendant que j'allais chercher mes collègues. Je ne l'avais pas vu. Quand je suis remonté avec Suros, il était déjà passé dans le compartiment où j'avais caché la tolite, et, consciencieusement, voyant ce paquet sans intérêt, l'avait jeté dans son sac.

Il nous précédait et, comme nous n'avions pas fait les derniers wagons de seconde, nous ne l'avions évidemment pas rencontré.

DESCENTE DANS LE MÉTRO

Je prends le paquet d'explosif, le retourne bêtement entre mes mains. J'ai du mal à y croire.

— C'est bien ça...

Sérieux comme des papes, mes gars me répondent en chœur :

— Affirmatif, chef !

12.

UN AMI DISPARAÎT

───────────

Je suis chez mon patron pour lui parler d'une idée à laquelle je tiens : faire passer, en fin de stage, un examen homme-chien qui permettrait à mes équipes « explosifs » et « drogue » de se situer à un autre niveau : celui où elles seraient reconnues officiellement. Pour l'heure, elles sont toujours dépendantes — détachées — de la patrouille. Cela me donnerait les coudées plus franches pour obtenir des chiens et des hommes.

Je râle — une vieille habitude que le directeur connaît bien — contre l'administration qui me met des bâtons dans les roues, contre les bureaucrates pour lesquels le chien se réduit à un formulaire.

Le patron m'écoute, avec son petit sourire, mi-amusé, mi-bienveillant. Je sais que mon parler, pas toujours orthodoxe, lui plaît. Il sait ce que c'est qu'un chien. Il en a un : un pointer, perdu et... retrouvé par moi dans le bois de Boulogne.

C'est mon chef mais, quand nous parlons chiens, nous sommes à égalité et c'est moi qu'il écoute.

Le téléphone, en sonnant, m'interrompt. Je ne peux m'empêcher de pester en moi-même contre l'intrus qui nous dérange.

Le patron me fait un petit signe de compréhension, et prend le téléphone.

Ses sourcils se haussent. Apparemment surpris, il me tend l'appareil :

— C'est pour vous, Girouille.

Dans cette vertigineuse
descente d'hélicoptère,
le chien n'a pas peur.
Attaché à son maître,
il ne craint rien !
(Ph. F. Proust/Sygma.)

Novembre 1982. Suros, le premier chien détecteur d'explosifs est présenté au public par son maître. Il recevra l'année suivante la coupe d'or du mérite canin.
(Ph. Claude Poensin-Burat / France-Soir.)

Tassés dans l'hélicoptère, leur chien coincé entre eux, ces hommes partent pour une mission : rechercher, découvrir et peut-être sauver les victimes d'un tremblement de terre. *(Ph. Daniel Riffet / Rapho.)*

Utz, chien-loup, fait le plus beau des cadeaux à son maître. Il sauve un skieur pris dans une avalanche. *(Ph. Labo photo Central Gendarmerie.)*

En haut : Recherche à la douane. Ce chien sent quelque chose de suspect. Est-ce de la came ? *(Ph. Marc Bonodot, bureau Information et Communication des douanes.)*

En bas : 1977. Le tristement célèbre quartier Chalon près de la gare de Lyon. Vanzy, mon chien, y découvre de la drogue dissimulée sous une bouteille de gaz.
(Ph. Collection du Commissaire principal Alain Belveau.)

Descente préventive dans un aérodrome. Le douanier fait renifler à son chien des bagages qui lui paraissent suspects. Il va lui « dire » s'il s'y trouve ou non de la drogue. *(Ph. Marc Bonodot, bureau Information et Communication des douanes.)*

En haut : Les pompiers ont, eux aussi, des chiens remarquablement dressés. Celui-ci s'apprête à sauter d'un hélicoptère avec son maître.
(Ph. Service Information du ministère de l'Intérieur.)

En bas : En Iran, après un tremblement de terre. Le chien risque sa vie dans les décombres, mais il n'hésite pas : il sent que, grâce à lui, un homme va être sauvé.
(Ph. Becam, Service Information et Relations publiques du ministère de l'Intérieur.)

A droite : Il n'hésite pas plus ici : son courage et sa ténacité vont lui permettre de retrouver une petite fille vivante ! *(Ph. A. Brucelle/Sygma)*

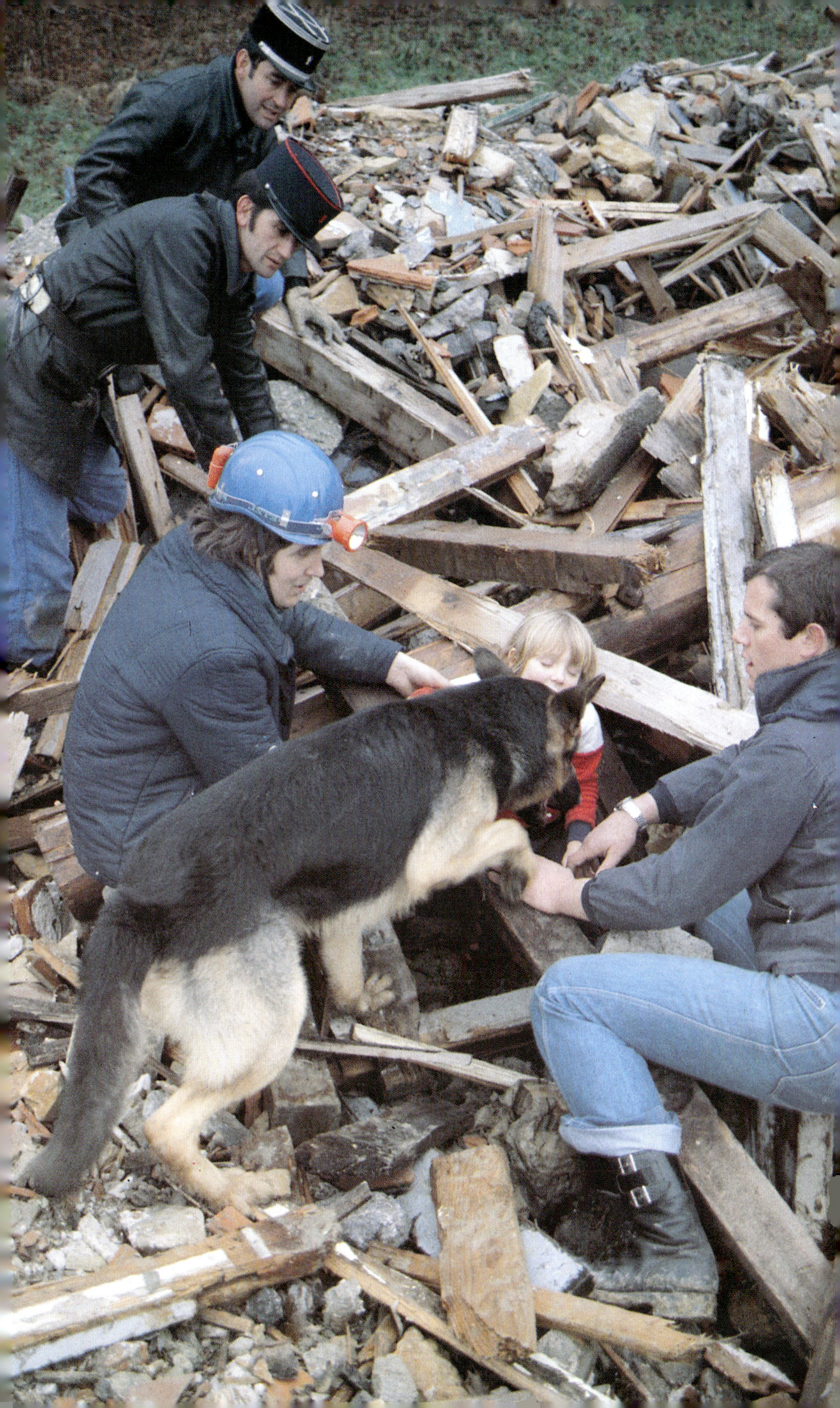

Présentation au drapeau de la garde d'honneur du 132e groupe cynophile de l'armée de terre. Les chiens sont au garde-à-vous comme leurs maîtres !
(Ph. Service Information 132e G.C.A.T.)

1980 : Vanzy mon dernier berger allemand. Il a eu les honneurs de « la une » des journaux après s'être couvert de gloire pour ses remarquables découvertes de drogue.
(Ph. Services techniques de la préfecture de police.)

Françoise fut ma première « maîtresse-chien ». Elle reçoit ici l'hommage, mérité, de son « collègue », Noiraud. *(Ph. Pierre Toutain.)*

UN AMI DISPARAÎT

— Pour moi ?

Je suis aussi gêné qu'étonné. Je n'ai pas pour habitude de me faire téléphoner chez notre patron.

Et je reconnais la voix de Renée, ma femme... Sa voix est toute mouillée de larmes :

— Michel, il faut que tu viennes. Vanzy est dans sa niche, il ne bouge plus.

Depuis qu'il est à la retraite, mon chien, s'il passe ses soirées et ses nuits chez nous, dans la journée aime être dans sa niche. Les chiens, comme les hommes, ont besoin de leur « chez-soi ».

— Vanzy...

Je ne veux pas dire le mot imprononçable : il s'arrête à mes lèvres.

— Non. Il respire bien, mais...

Je me tourne vers le patron :

— Vanzy, il est...

Il me coupe d'un geste amical. Il a compris, dès les premiers mots, que quelque chose ne tournait pas rond. Pour me mettre à l'aise, il fait semblant de compulser un dossier.

Ce que vient de me dire mon épouse, c'est la douche glacée sur la tempête de mes récriminations.

Ma mauvaise humeur a cédé la place à l'inquiétude.

— Bon, j'arrive.

J'ai dit ça sans y penser, tout à mon angoisse. C'est en raccrochant que je réalise, et bafouille :

— Pardon, patron. Il faut m'excuser : c'est Vanzy, il va mal.

Mon visage a dû changer pendant que je parlais avec Renée, car, au lieu de prendre mal cette interruption, mon patron me dit :

— Nous reprendrons tout cela un autre jour. Partez tout de suite, Girouille.

Les passants qui ont vu, ce jour-là, une voiture de police remonter les Champs-Élysées avec le gyrophare en marche et la sirène hurlant sans interruption ont dû penser — à cette vitesse, pas de feu rouge pour nous — qu'on se rendait sur une affaire grave.

113

Comment se seraient-ils doutés que c'était pour arriver le plus rapidement possible auprès d'un chien ?

La voiture, c'était celle du patron. Il me l'avait prêtée avec son chauffeur :

— Vous irez plus vite, Girouille.

Il n'y a qu'un homme à chiens qui peut avoir de ces gestes-là.

Renée m'attend dans le jardin. Là, sur la droite, il y a la niche qui fut celle de Kiri et qui est maintenant celle de Vanzy.

Renée a les yeux rouges. Ce n'est pourtant pas une femme qui pleure facilement, mais elle s'est attachée à Vanzy du jour où il est venu quémander un peu d'affection auprès d'elle.

Je ne m'occupe pas d'elle ; je suis déjà devant mon chien. Il ne bouge pas, c'est vrai. Sa queue, qu'il a tenté de remuer en me voyant, est retombée tout de suite, inerte. Couché sur le côté, il a du mal à respirer. Ses yeux blonds, à peine plus foncés que son poil, fixent les miens ; un regard intense que je ne lui ai jamais vu.

J'essaie de rassurer ma femme pour me rassurer moi-même :

— Il n'a que quatorze ans. Un chien, ça peut vivre dix-sept, dix-huit ans.

Mais je sais bien que c'est l'âge critique pour les bergers allemands. L'âge où est mort Kiri. Je me refuse à y croire, flatte Vanzy de la main :

— T'en fais pas, mon pépère. C'est rien. On va t'emmener chez le véto tout de suite...

Je ne peux quand même pas monopoliser la voiture du patron toute la journée.

Par radio, j'appelle :

— A tous les T.P. 271... Le premier qui peut se rapprocher des Sablons doit se rendre immédiatement chez Michel Girouille.

Je reviens près de Vanzy, lui promets :

— Demain, tu seras sur pattes ; on ira se promener près du lac Saint-James.

Mais est-ce que j'y crois vraiment ?

UN AMI DISPARAÎT

C'est Jean-Pierre qui est arrivé le premier. Dès qu'il avait entendu mon appel, il avait foncé, inquiet.

— Qu'est-ce qu'il y a, Michel, c'est grave ?

Il pense service. Attentat ? Catastrophe !

— Il faut emmener Vanzy tout de suite chez le vétérinaire.

Je lui dirais : « Il faut m'emmener à l'hôpital », il serait moins ému.

Tous, dans ma brigade — et même en dehors — connaissent Vanzy. C'est un peu le vieux chef de la tribu chiens, aimé et respecté de tous.

Je le prends dans mes bras. Il pèse lourd ; pas seulement de ses trente-cinq kilos, mais de tout le poids de mon angoisse et de mon chagrin.

Nous l'installons à l'arrière de la voiture. Il se laisse faire, comme figé dans son immobilité.

Klaxon et boule lumineuse sur le toit. On file, allure maximum, chez Philippe de Wailly, notre vétérinaire. Un homme remarquable qui a deux sortes de clientèle, nos bergers allemands et... les oiseaux.

Prévenu par un autre maître-chien, dont la voiture est arrivée presque en même temps que celle de Jean-Pierre, il a déjà tout préparé et fait place libre pour Vanzy.

Lui aussi connaît et aime mon vieux chien.

A la porte, son infirmier nous attend. Il me prend Vanzy des bras — j'ai voulu le sortir seul de la voiture — et le transporte sur la table d'opération. Les yeux du chien ne quittent pas les miens. Ils me disent tant de choses : l'amour... la peur...

Quel est l'idiot qui a dit que les bêtes ignoraient la mort ? Il n'y a qu'à aller à la porte d'un abattoir pour se rendre compte qu'elles « savent ».

Philippe de Wailly examine longuement, lentement, mon chien. Sans rien dire. Et ce diagnostic muet est pire que tout ce qu'il pourrait dire.

115

DES CHIENS AU SERVICE DES HOMMES

J'attends, mon regard toujours fixé sur celui de Vanzy. Il me semble que, tant que je le regarderai ainsi, il n'arrivera rien. Il se raccroche à la vie, je le sens, par mes yeux.

J'attends.

La salle d'opération nue, cet homme en blouse blanche penché sur un berger allemand, et ce silence total... C'est comme un cauchemar ou une scène de film : ça se déroule en dehors de moi ; je ne veux pas y entrer, y croire.

Car je ne dis toujours pas un mot, ne demande aucune explication. J'ai bien trop peur que Wailly me confirme ce que je sais, ce que je ne veux pas savoir.

Il fait, maintenant, installer de grosses lampes au-dessus de Vanzy.

A mon interrogation muette, mais qu'il devine, il répond, bref :

— Sa température baisse. Je le réchauffe.

Les minutes, puis les heures passent, aussi longues qu'une vie, celle de mon chien.

Et des images de cette vie m'assaillent.

Quand il a pris sa retraite et qu'il m'a vu, pour la première fois, partir sans lui, alors que, sa queue battant joyeusement, il tendait le cou pour que je lui mette son collier, j'ai fait vite, sans me retourner ; j'avais le cœur gros.

Il ne comprenait pas : dix ans qu'on ne s'était jamais quittés, que je n'étais jamais sorti sans lui.

Quand je suis rentré... j'avais espéré qu'il me ferait la fête et cru qu'il me ferait la gueule.

Rien, il était triste, c'est tout. Il avait compris : le lendemain, quand je suis parti, il n'est même pas venu vers moi.

Un flash : mon fils, jeune gendarme, part pour la Polynésie, où il vient d'être nommé. Vanzy a reniflé ses valises avant de l'accompagner jusqu'à la porte du jardin. Et puis il est resté debout, derrière ce portillon qui s'est refermé sur Bernard. Il restera là jusqu'au soir. Et, pendant deux mois, son comportement ne sera plus tout à fait le même.

Autre image, plus récente. Comme je vais en tournée dans le bois, je l'emmène ; c'est contraire au règlement, mais ce n'est pas le maître-chien que j'accompagne qui ira nous dénoncer ! Vanzy ne regarde même pas l'autre berger allemand. Indifférent, supérieur, il se sent tellement au-dessus de lui ; mais je le devine heureux de se retrouver dans « son bois ».

Il s'est arrêté devant la porte du Jardin d'acclimatation, comme s'il avait choisi, ironiquement, l'emplacement : sous la pancarte marquée « Interdit aux chiens ». Elle n'est pas pour Vanzy. Il y a ses entrées, se promène nonchalamment entre les cages, va jusqu'au bassin où l'on présente des dauphins. Il se penche vers l'eau, museau contre museau avec ce nouveau copain.

Vanzy s'est éteint tout doucement. Aussi longtemps que je l'ai pu, je l'ai soutenu de mon regard, mais au bout de quatre heures il a lâché prise.

J'ai su qu'il était mort quand ses yeux ont quitté les miens.

Ça a été mon dernier berger allemand. Je n'ai plus voulu en avoir. J'avais trop souffert de ces deux morts, celle de Kiri et celle de Vanzy.

J'ai eu les chiens des autres : ceux que j'éduquais. Je les aimais bien. Mais ce n'était pas « mon » chien.

Toute mon équipe, ce soir-là, a fait corps avec moi : le téléphone arabe avait fonctionné et je n'étais pas depuis une demi-heure chez Wailly que maîtres-chiens et moniteurs en étaient avertis. Les voitures de police se succédaient, faisant la navette entre mon pavillon et le cabinet du vétérinaire, pour venir prendre des nouvelles de Vanzy, pour me donner une tape amicale sur l'épaule, pour me ramener chez moi à neuf heures... et le lendemain matin pour me « le » ramener.

DES CHIENS AU SERVICE DES HOMMES

Cela peut sembler ridicule, ces policiers au cœur qui fond devant la mort d'un chien. Ce n'est pas exactement l'image qu'on s'en fait. Mais je pense que tous ceux qui ont perdu un compagnon-bête le comprendront.

Quand il meurt, un chien de police doit être remis à la préfecture, il sera incinéré.

Avec la complicité tacite de mon chef et des services qui ont fait comme s'ils ne savaient pas, Vanzy est resté chez lui.

Avec la complicité aussi des ateliers du bois de Boulogne et de mes gars qui leur ont demandé de faire un cercueil pour mon chien.

Ils sont venus l'enterrer dans le jardin de notre pavillon. Près de Kiri.

13.

UN PAVILLON BIEN TRANQUILLE

―――――――――――

Six heures et demie du matin... Une brume légère enrobe, comme d'un voile, la banlieue de Paris.

Qui prêterait attention à cet homme perché sur un toit, en train de vérifier une antenne de télévision ?

— Il se met au travail de bonne heure, celui-là, marmonne un ouvrier qui se rend lui-même à son usine et... qui stoppe, net, ahuri, devant le policier surgi devant lui et qui, d'un geste, l'empêche de passer.

Qu'est-ce qu'il lui prend, à ce flicard ?

C'est curieux, comme un simple agent qui se dresse devant le plus honnête homme du monde peut déclencher immédiatement un stress de peur.

Pourquoi ? On n'a rien sur la conscience, pas de sang sur les mains, et pourtant c'est comme ça.

Il a un gentil sourire, le flic, un jeunot qui s'excuse, bien poliment, de déranger ce paisible citoyen.

— Mais je me rends à mon travail...

Irréductible, le policier fait « non » de la tête !

— Il faut passer par un autre chemin, monsieur. Ici, la circulation est interdite. Voyez plutôt...

Main droite, main gauche, tendues vers deux policiers, l'un à gauche, l'autre à droite, à trois mètres environ du premier.

Du coup, notre brave et honnête ouvrier est complètement réveillé.

DES CHIENS AU SERVICE DES HOMMES

C'est vrai que, nez en l'air, les yeux braqués sur le réparateur d'antenne, il n'avait pas fait attention à cette ronde d'agents qui font un cercle à trois cents mètres environ du pavillon, où se dresse, comme un point d'interrogation, cette antenne qui devient d'un coup bien étrange, presque inquiétante.

Malgré l'heure matinale, quelques hommes qui se rendaient, eux aussi, au boulot se sont arrêtés, priés, tout aussi fermement, de rebrousser chemin.

Un plus futé murmure à l'oreille d'un autre, qui s'empresse de le répéter à un troisième :

— Les chiens... Regardez : devant, sur la droite...

Tous les yeux, maintenant, sont tournés vers les deux bergers allemands qui, assis bien tranquillement aux pieds de leurs maîtres, semblent se désintéresser complètement de la question.

Semblent...

— Ce sont des chiens policiers. Qu'est-ce que la police a à faire avec une antenne de télévision ?

— Et pourquoi on nous empêche de passer ?

Bien que ce soit encore le petit matin, il y a maintenant une dizaine de personnes qui regardent en l'air — l'antenne —, puis en bas — les chiens —, sans arriver à établir la corrélation entre les deux.

On essaie de savoir :

— Monsieur l'agent, qu'est-ce qui se passe ?

Mais le flic se contente de sourire, sans répondre.

C'est vrai que pour de la police, il y en a ! Plus importante et plus diverse, même, qu'on ne peut l'imaginer. La maison poulaga est bien représentée.

D'abord, une bonne vingtaine d'agents de police...

Devant eux, deux hommes en civil qui échangent un mot de temps à autre et auxquels personne ne prête attention : le « patron » et un inspecteur de la P.J.

Légèrement en avant, deux artificiers et leurs camionslaboratoires, que les badauds regardent avec plus d'étonnement encore que les chiens. Un berger allemand, on connaît, mais cet engin bizarre qui ressemble vaguement à un petit canon, « qu'est-ce que ça peut être ? ».

Enfin, à l'écart, un serrurier, chargé d'ouvrir les portes, et un inconnu, l'air ennuyé, représentant — en son absence — le locataire du pavillon.

Un remous parmi les spectateurs : l'homme juché sur le toit — un artificier chargé d'examiner l'antenne — fait un signe négatif. « Rien. » Pourtant, les policiers ne bougent pas.

Chose plus curieuse encore : le pavillon semble inhabité, quoique le jardin qui l'entoure soit parfaitement entretenu.

La vérité, que la police est seule à connaître, c'est que cet honnête pavillon de banlieue a valu, à tous ceux qui sont là, d'être réveillés à l'aube.

Un de ces coups de fil qui font toujours plaisir à quatre heures du matin !

« Rendez-vous immédiatement à Aubervilliers, 3, avenue de..., pour une recherche d'explosifs dans un pavillon. »

Le temps d'enfiler un pantalon, un blouson, pour les maîtres-chiens d'« habiller » leur berger allemand, et ils se sont retrouvés, tous, presque en même temps, à l'endroit indiqué.

Comment a-t-on découvert ce nid de terroristes ? Les locataires ont-ils été arrêtés ? Se sont-ils enfuis ?

Des énigmes que ceux qui sont là — à part, sans doute, le patron — seraient bien incapables de résoudre.

Tout ce qu'on sait, c'est l'aboutissement de l'enquête d'une section R.G. (Renseignements généraux) : des explosifs sont entreposés ici, sans doute un stock important. Il faut le trouver.

C'est pour cela que les flics refoulent les passants à trois cents mètres du pavillon, ces trois cents mètres étant considérés comme la zone la plus dangereuse si une explosion avait lieu. Et, malgré les précautions prises, cela peut toujours arriver.

Seulement, il ne s'agit pas d'affoler la population. D'où cette consigne du silence total !

Toutes les radios, même celles de la police, sont coupées dans le périmètre décrété dangereux. Une radio — sans qu'en soit responsable celui qui, machinalement, va s'en servir — peut, à distance, déclencher une bombe !

Sitôt descendu de son toit, l'artificier s'est retiré.

C'est un peu comme dans une pièce de théâtre : chacun, ici, a son rôle à tenir et sait parfaitement ce qu'il a à faire — avant tout, ne pas gêner le « nouvel » acteur.

Pour l'instant, ce sont les deux chiens qui ont la vedette.

D'abord, un petit tour de décontraction dans le jardin, avec même le droit de lever la patte.

Puis « au pied ». La récréation est finie, les maîtres préparent les chiens. Le collier est remplacé par la bricole. Imperceptiblement, les bergers remuent un bout de queue : ils savent que cette bricole signifie qu'ils vont faire leur entrée en scène. Il ne s'agit pas de la rater.

Il est vrai que ce sont deux « stars » : Tartare et Castor. L'un noir et feu, l'autre blond.

Ils ont été classés parmi les meilleurs lorsque, enfin officiellement reconnus, ils ont passé leur « examen de fin d'études ». L'équivalent, pour un homme, du bac.

Ils repartent vers le jardin, mais cette fois ce n'est plus pour s'amuser. Leur homme les suit, en faisant attention de ne pas les gêner. Ici, c'est le chien-loup qui dirige, et il lui faut un maximum d'aisance pour se déplacer.

Tartare hume les fleurs. Rien d'intéressant, mais il fait consciencieusement tous les parterres. Il ne sera pas dit qu'il aura pu laisser passer une odeur.

Castor, pendant ce temps, renifle minutieusement les soupiraux, les descentes d'eau, le dos des volets.

UN PAVILLON BIEN TRANQUILLE

Tartare s'arrête soudain au pied d'un arbre. Cela ne veut rien dire de certain. Simplement, nez en l'air, il désigne quelque chose qu'il ne peut atteindre, sur une branche trop haute pour lui. Grimper aux arbres ne fait pas encore partie de l'éducation de nos bergers : une lacune !

C'est un artificier qui lui rend ce service pour découvrir... une boîte à graines. On peut être terroriste et avoir le cœur tendre quand il s'agit d'oiseaux.

L'artificier redescend. Le chien remue la queue : « Je t'avais bien dit que ce n'était pas intéressant. » Hypocrite, va !

C'est fini pour le jardin ; au tour des bâtiments.

Le garage, d'abord. Par la porte ouverte, on aperçoit une voiture.

Un artificier s'en approche, que l'on regarde faire... de loin !

Il avance lentement. Le moindre souffle d'air, le plus petit geste peuvent déclencher le mécanisme d'une bombe, s'il a été réglé à cet effet.

Le gars s'arrête à quelques pas de la voiture. Il ne doit pas aller plus loin. Ce serait trop dangereux, et pas seulement pour lui !

A l'aide du jeu de miroirs conçu spécialement pour cela, il observe l'auto, la « fouille ». Rien de suspect au premier abord.

Tartare et Castor « sentent » que c'est à eux, maintenant, de se mettre au travail.

La voiture a été poussée — avec quelle délicatesse ! — hors du garage.

Il faut voir la prudence des gestes, les précautions prises — un film au ralenti... — car tout peut être piégé : la radio, les lumières, le chauffage...

Cependant, c'est sans grand intérêt que Tartare flaire les pneus arrière, Castor ceux d'avant. Ils ont tous deux cet air dégoûté de ceux qui travaillent pour rien.

Les phares, les enjoliveurs de roues, toutes les parties creuses y passent. Sans résultat.

Dans la rue, l'heure avançant et malgré les « circulez » des policiers, il commence à y avoir du monde.

On passe au garage. Là, il y a de quoi s'en donner à cœur joie ! Les maîtres, qui suivent leurs chiens, n'ont jamais eu l'œil aussi attentif. Il leur faut interpréter le moindre signe du berger, et ne pas se tromper. A la moindre « senteur » suspecte, le chien doit se coucher et rester totalement immobile. C'est l'artificier qui prend alors sa place.

Il ne s'agit pas que Castor prenne la jolie bombombe-à-son-terroriste dans la gueule, pour la rapporter à son bon maître !

Mais, là encore, rien.

On va donc passer au plus gros : la maison. Auparavant, les artificiers ont vérifié qu'il ne traîne pas sur le sol ou dans l'escalier un filin de mise à feu.

Grenier, salle à manger, salon, chambre, cuisine, salle de bains... toujours rien ! On commence à être de l'avis des chiens et à se demander quel est le loustic qui a fait la plaisanterie d'appeler à quatre heures du matin. Même la chasse d'eau des toilettes — endroit chéri des terroristes : on tire la chasse et tout saute — est honnête.

Alors, quoi ? Les policiers se regardent... et les chiens les regardent.

Le tuyau des R.G. semble plutôt crevé.

Tout ce remue-ménage, dont ils ne voient rien pourtant — une ombre qui passe derrière une fenêtre, mais aussi les policiers qui barrent le passage —, excite, en revanche, les simples citoyens. Des ménagères, maintenant, allant faire leur marché, des voisins de plus en plus nombreux à mesure qu'ils se réveillent, des employés se rendant à leur bureau et qui restent hésitants, quelques minutes, avant de prendre un autre trajet...

Quelqu'un affirme : « C'est un enfant disparu qu'on

recherche. » Un autre, qui sort de son pavillon, chuchote : « La drogue... ce sont des receleurs de drogue qui habitaient là ! Des — il hésite sur le mot, puis, tout fier : des dealers ! Il y a longtemps que je m'en doutais ! »

A l'intérieur de la maison, c'est plutôt la déprime : plus de deux heures à chercher... quoi ?

La tension des policiers commence à céder, remplacée par la routine. Ils sont donc moins efficaces.

Une fatigue plus morale que physique, l'envie de tout laisser tomber. « Y a rien... Une fausse information. »

Mais Castor et Tartare en redemandent. Je pourrais presque dire que ce sont eux, maintenant, qui dirigent les opérations. Qu'au contraire cet insuccès les excite !

Ils *veulent* trouver.

Tous deux hument de plus en plus fort.

Et, soudain, la respiration de Tartare s'accélère. Au point que son maître retrouve tout son allant.

Serait-ce possible ?

Au bout de tant de recherches inutiles, il a du mal à y croire...

Tartare vient de s'immobiliser dans la cuisine. Il se couche — un mètre cinquante exactement, j'en jurerais — devant un placard. Sa respiration est de plus en plus forte.

Comment décrire ce qui peut se passer dans l'esprit du maître : son chien est le meilleur, il le sait, il en est sûr, et ce n'est pas la première fois qu'il s'est immobilisé ainsi, et le plus souvent parce qu'il avait trouvé.

Mais jamais dans des conditions pareilles.

Lui, comme ses collègues, sait que ce pavillon, abri de terroristes importants, devrait être un véritable arsenal.

Or, jusqu'à présent, on n'a rien trouvé !

Dans la tête du bonhomme, tout bascule. Qu'y a-t-il à l'intérieur de ce placard devant lequel s'est immobilisé son berger allemand ? Une bombe ? Des explosifs ? Des détonateurs ? Ou, une fois de plus, rien...

Le déshonneur pour son quatre pattes.

Autour de l'homme et de la bête, tout s'est arrêté ; ils sont seuls face aux événements.

Cinq secondes seulement se sont écoulées, qui lui ont semblé cinq siècles.

Il se ressaisit, et c'est d'un ton calme qu'il annonce ce que tous voient :

— Il s'est couché.

Sa voix est tranquille, presque basse ; les instructions rabâchées depuis le début de l'entraînement le lui ont appris : s'il s'agit d'un explosif piégé à la vibration, la moindre exclamation peut être fatale.

Pourtant, avant que les artificiers n'arrivent, doucement il complimente son chien : « Tu es beau, c'est bien », et il lui donne la friandise-récompense. Quelques secondes, mais obligatoires. En même temps, le maître de Castor, par gestes uniquement, fait reculer ceux qui sont là.

Les spécialistes n'interviendront que lorsque tout le monde sera à l'abri : dans le jardin, derrière le mur du garage.

C'est alors seulement qu'avec toutes les précautions d'usage ils ouvrent la porte du placard.

Vide !

Et rien dans ce vide qui puisse dissimuler quoi que ce soit.

On rappelle le maître, pas fier. Tartare, lui, toujours aussi sûr de lui, l'air de dire : « Vous êtes vraiment tous des c... », se recouche exactement au même endroit. C'est à n'y rien comprendre.

On fait appel à Castor qui, tranquillement, se couche à la place de son collègue.

Pour les hommes, le placard est vide ; pour les chiens, il y a là quelque chose de suspect que les hommes ne sont pas fichus de trouver.

Les chiens sont trop affirmatifs ; tout le monde dehors. Les artificiers reviennent et, subitement, à l'oreille, quelque chose les alerte : l'huisserie ne rend pas le même son que la plinthe. Enlevée — je me suis souvent dit que ces hommes devaient avoir des nerfs d'acier —, celle-ci révèle aussitôt une cache.

UN PAVILLON BIEN TRANQUILLE

Bilan :
— 23 détonateurs,
— 2 pains de dynamite,
— 1,20 mètre de mèche,

et quelques autres joujoux du même acabit : la parfaite panoplie du petit terroriste ! De quoi faire sauter quelques maisons.

Voilà à quoi ça sert, les chiens. Les chiens — et je ne parle pas seulement des nôtres : tous ont leur utilité, ne serait-ce que l'amour qu'ils nous portent. Les chiens qu'on abandonne, sans remords, au moment des vacances, qu'on martyrise, que même les scientifiques ne respectent pas.

Ce n'est pas seulement en servant de cobayes dans les labos qu'ils sauvent la vie des hommes !

Le moral est revenu. Maintenant, tous y croient, et nos bergers regardent leurs hommes, avec mépris.

Eux n'ont jamais douté.

Reste la cave.

Bougies et lampes de poche à la main : c'est qu'il ne s'agit pas de déclencher une explosion en tournant un bouton électrique piégé ! Ça s'est déjà vu, il n'y a pas si longtemps, mais c'est une autre histoire, qui viendra plus tard.

Pas de charbon dans cette cave, pas de tas de bois... On n'y voit rien avec ces lumignons.

Ah si ! un établi devant lequel se couchent, comme un seul homme, nos deux chiens.

Dix minutes plus tard, les artificiers montrent leur découverte. Une boîte à outils contenant un allumeur de mèche, de la bouillie explosive et neuf mètres de mèche !

Maintenant que tout est fini, il reste encore deux choses à faire.

Passer un message radio : « Mission terminée pour T.P. 271 explo 1. »

Et... la fête aux chiens qui sont d'abord allés tendre leur patte au patron qui l'a prise et les a longuement félicités.

DES CHIENS AU SERVICE DES HOMMES

A présent, tous s'en donnent à cœur joie, hommes et chiens, dans ce paisible jardin de banlieue.

Et les badauds qui les voient haussent les épaules et se dispersent, déçus, écœurés.

« Voilà ce qu'ils étaient venus faire, les flics : jouer avec leurs clébards ! Et c'est pour ça qu'on les paie ! »

14.

MESSE CHEZ LE PATRON

— Tu comprends, par un côté je suis fonctionnaire; par un autre, marginal! Mes idées n'ont rien à voir avec celles des bureaucrates! Quand je pense que j'ose dire qu'un chien est « intelligent »! Tu te rends compte?

Si elle se rend compte, Renée! Elle a de bonnes raisons, elle aussi, pour cela.

Elle me regarde tourner en rond dans la salle à manger, marmonnant ma colère. Si quelqu'un peut se plaindre, c'est bien elle. Plus que moi!

C'est à peine si elle me voit : en semaine, j'éduque mes chiens et mes hommes, ou bien je suis sur une affaire. Et plus je donne de temps aux chiens (explosifs et drogue, cela fait un sacré boulot; je travaille au minimum quatorze heures par jour), moins j'en donne à ma famille.

Quant aux week-ends, ils sont consacrés aux réunions de maîtres-chiens... en principe! Les terroristes ne respectent pas les jours de repos.

Et si, par miracle, j'ai un peu de temps de libre, c'est pour rencontrer un directeur de revue... canine. Ou pour aller voir d'autres chiens, assister à un colloque vétérinaire...

J'y apprends toujours quelque chose, car il y a toujours quelque chose à apprendre.

Et, quand par exception je suis chez moi, comme aujourd'hui, c'est encore pour parler de ces sacrés cabots! Et quand ce n'est pas d'eux, c'est de mes engueulades avec l'administration.

Une vrai « vie de chien » que je lui fais mener, à ma Renée.

Du coup, même quand je suis là, ma femme est seule avec les enfants. Je n'ai plus — nous n'avons plus — aucune vie familiale.

Un jour — beaucoup plus tard, mais ai-je seulement vu passer la vie ? — je me suis retrouvé avec un jeune gendarme, mon fils, et une grande fille en train de passer ses examens.

Pourtant, Dieu sait si j'aime ma femme et mes enfants... mais je ne comprends pas qu'ils aient, eux aussi, leur vie personnelle. Pour moi, « leur » vie, c'est la mienne.

Je ne savais pas alors qu'un amour immodéré de quelque chose pouvait tourner à la passion, et la passion à l'obsession.

J'étais comme un drogué (moi qui les hais !), comme un alcoolique qui ne croit jamais, au début, que la drogue, l'alcool détruiront un jour sa vie !

Pour l'instant, je fulmine contre ces fonctionnaires qui...

Et Renée, de sa voix douce, calme ma grogne en me ramenant à la réalité :

— Michel, il faut te préparer. Tu sais bien qu'aujourd'hui, c'est « la messe chez le patron ».

« La messe chez le patron », c'est la réunion mensuelle qui réunit chez notre directeur toutes nos équipes-chiens, aussi bien celles du C.N.F.U.C. (Centre nationale de formation canines des unités) que mes propres équipes, celles des stupéfiants, etc.

On discute de nos problèmes et... il n'en ressort généralement rien ! A mon avis, en tout cas.

Du moins le « grand prêtre » qui officie, notre directeur, est-il un homme intelligent et agréable, qui sait aplanir les angles et calmer les inévitables affrontements entre les différents services.

Or, ce jour-là, il n'est pas tout à fait comme à son habitude. Courtois, certes, mais il a un petit sourire en coin et un pétillement inhabituel dans les yeux.

Et c'est à moi qu'il s'adresse en premier. Bon Dieu, qu'ai-je encore fait ?

MESSE CHEZ LE PATRON

— Monsieur Cirouille me bombarde de rapports...

Silence de quelques secondes... Je suis dans mes petits souliers, tandis qu'une nette satisfaction se lit sur le visage de mes collègues, qui ne me portent pas tous dans leur cœur.

Et puis :

— J'ai voulu, nous avons voulu, en haut lieu, en avoir le cœur net. Vous vous rappelez, mon cher Girouille...

Le « cher Girouille » a fait se rembrunir les visages. Ce ne sera donc pas l'engueulade à laquelle tout le monde s'attend ?

— ... cette descente dans le métro ?

Si je m'en souviens !

— Eh bien...

Jamais le patron n'a pris autant son temps, n'a truffé son discours d'autant de silences. Je le soupçonne d'une certaine malice.

— Cet « exploit » — il appuie bien sur le mot — m'a semblé tout a fait concluant. C'est pourquoi j'ai demandé au ministère de faire passer aux chiens de police — « explosifs » et « drogue » — un examen qui concrétisera « officiellement » leurs fonctions.

Je ne sais si c'est le souffle glacial du pôle Nord ou le vent brûlant de l'équateur qui souffle sur notre assemblée...

La tête des collègues ! Impossible d'ignorer qui est pour ou contre moi.

De toute manière, et quoi qu'on pense, c'est le « Charlot » qui a gagné.

Quand je suis rentré, triomphant, à la maison, Renée n'a rien dit. Elle est allée chercher une bouteille de champagne et deux coupes.

— Je la gardais pour le jour où tu gagnerais.

Elle, elle n'avait jamais douté.

Son discours terminé, le directeur nous avait fait part de la déontologie qui avait été décidée. Bien sûr, par la suite, on y a apporté des modifications, des améliorations, mais les grandes lignes sont restées les mêmes.

Et, je le dis sans fausse modestie, c'était ce que je demandais depuis des années.

Je puis ajouter aussi, avec orgueil, que si les chiens spécialistes existent et sont reconnus dans la police nationale, c'est parce je me suis battu — violemment — contre la bureaucratie.

Dorénavant, des préexamens avaient lieu, tant pour les hommes que pour les chiens.
Les qualités du chien, je l'ai dit, ça se sent au pif...
Pour les hommes, c'est plus difficile. Aussi, si un candidat maître-chien se présentait, il allait désormais subir, et avant d'être accepté avec autant de discrétion que possible, une enquête physique et psychologique. Quelques exemples :

Présentation : Tenue Vestimentaire. — Dynamisme. — Courage. — Esprit sportif.

Qualités morales : Calme. — Maturité. — Intelligence.

Comportement : Orgueil. — Patience. — Maîtrise.

Ou au contraire le candidat est-il « timide », sans « personnalité », « sans assurance »... ce qui était rédhibitoire : le chien n'obéit qu'à un « chef » qui le domine et qu'il respecte.

Il fallait aussi connaître les *motivations* du candidat. S'agit-il d'un choix personnel ? A-t-il été conseillé ? Aime-t-il les animaux ? En a-t-il lui-même ?

Et les deux choses, à mon avis, primordiales :

1) Pour le candidat, un chien bien éduqué, c'est avant tout :
Un animal :
Vigilant ?
Obéissant ?
Ayant de bons réflexes ?
Capable d'initiative ?
Ou :

Une mécanique absolue ?
2) Quelle spécialité le candidat aimerait-il exercer ?
Explosifs ?
Drogue ?
Pistage ?
Patrouille ?

MESSE CHEZ LE PATRON

Une fois réunies, toutes ces considérations étaient remises à l'appréciation du chef de service, et c'est seulement après acceptation par celui-ci que le candidat entrait ou non dans une équipe spécialisée.

Pour moi, une chose comptait absolument : que le candidat n'ait pas peur des chiens.

Pour le chien, j'ai dit qu'il n'y avait pas d'examen d'entrée à passer. Ce n'est pas tout à fait vrai. Le chien de drogue ne doit pas avoir les mêmes qualités que le chien d'explosifs ou de catastrophe (les maîtres non plus). Afin de faciliter les choses, j'avais dressé un petit tableau expliquant le comportement de chacun.

DROGUE	EXPLOSIFS
Le chien est excité.	Le chien est calme.
Les hommes et le maître du chien parlent, s'interpellent, etc.	Le maître aussi. Peu de paroles sont échangées entre les hommes.
Le chien aboie à la découverte.	Le travail se déroule dans le silence.
Le chien gratte à la découverte.	Ici, non.
Le maître crie, l'encourage. Les hommes bousculent le mobilier, retournent et vident les meubles. Etc.	A l'inverse, ici rien de renversé, ni de bousculé, et encore moins de déchiré. Seulement, avec d'immenses précautions, déplacé.
Ça fait un peu VERDUN	Ça fait un peu SANCTUAIRE

Il fallait six mois pour éduquer un chien à la drogue. Dix pour l'éduquer aux explosifs.

DES CHIENS AU SERVICE DES HOMMES

Mais il ne fallait pas penser qu'au dressage... Les chiens ont besoin de confort.

Grâce aux services techniques de la P.P. dont le patron était un ami de mon patron, nous avions obtenu des voitures avec un habitat spécialement aménagé pour nos chiens. Sol agréable avec couverture, pour qu'ils puissent confortablement s'y coucher. Aération et ventilation pour que ces pauvres petits n'aient pas trop chaud l'été. On avait même pensé à la porte coulissante les séparant de la partie, nettement moins confortable, réservée à leur homme — pour qu'il puisse, en cours de route, caresser son bon gros toutou. Il ne fallait pas que celui-ci ait un complexe de manque d'affection ! Ce n'était peut-être pas un quatre étoiles, mais c'était le grand confort.

Les chiens des autres services ont dû faire la réclamation d'usage ; par la suite, ceux de la ville de Paris, qui assurent la protection des cimetières et des squares, ont eu droit aux mêmes voitures !

Au bout de plusieurs mois, après un stage chien-maître, sous la direction d'un moniteur, arrivait l'épreuve finale ; celle qui faisait trembler les maîtres-chiens les plus sûrs d'eux.

Pour cet examen, le jury se composait généralement des représentants de la police urbaine, des stupéfiants, des chefs artificiers, du C.N.F.U.C. et... de Michel Girouille.

Nous avions tous en main un formulaire correspondant à chaque chien présenté et à son maître — ce couple indissoluble. Nous devions le noter de 1 à 20.

Il fallait avoir la moyenne pour que le chien soit breveté et le maximum pour qu'il obtienne, comme au baccalauréat, la mention « très bien ».

MESSE CHEZ LE PATRON

Renée me tend, avec un petit sourire, la lettre à l'en-tête officielle du ministère de l'Intérieur.

Moi aussi, je souris ; je sais ce que contient cette lettre, mais je ne peux empêcher ma main de trembler en la décachetant. Elle est le résultat de tant d'efforts, de tant de démarches, de rebuffades et de colères.

« *... les 12, 13, et 14 mars prochain sera organisé un examen de conducteur de chien explosifs...*
Conformément aux principes établis en la matière, M. Girouille représentera au sein du jury la Brigade canine de la préfecture de police... »

L'examen allait donc se dérouler sur trois jours, et en plein Paris. Parmi une foule normale, non concernée, dans des endroits fréquentés comme le métro, un aérodrome, le Palais Omnisports de Bercy...

Pourquoi ? Parce que ce n'est pas dans une cour avec pour tout personnage un officier de police que le terroriste viendra planquer sa bombe ou le drogman cacher ses sachets d'héroïne.

Le terrain sur lequel va travailler le chien, c'est celui de la ville... c'est donc là qu'il doit passer son examen.

Cela a bien dû étonner tout de même quelques Parisiens de voir ces deux chiens cherchant, reniflant dans un restaurant ou un hall de gare. Et, derrière eux, deux flics en uniforme qui lèvent la main.

— Prêts !

Tandis qu'en même temps, derrière eux, six messieurs graves comme des professeurs appuient sur le chrono qu'ils tiennent à la main et s'apprêtent à cocher sur une tablette la note décernée.

Comme les autres, j'ai chrono et tablette, sur laquelle je note le temps que met le chien pour la recherche.

POUR UN TEMPS MAX. 7 MINUTES	
Note	*Temps*
20	20″
19	40″
18	1′00″
17	1′20″
16	1′40″
15	2′00″
14	2′20″
13	2′40″
12	3′00″
11	3′20″
10	3′40″
9	4′00″
8	4′20″
7	4′40″
6	5′00″
5	5′20″
4	5′40″
3	6′00″
2	6′30″
1	7′00″

C'est en comparant ces notes qu'à la fin de l'examen nous prendrons la décision finale.

Il ne faut pas que j'oublie mes devoirs de juge, car, à dire vrai, je suis entièrement captivé par le travail du chien et serais porté à ne voir rien d'autre !

Tout à la « lecture » du berger allemand, ce « matériel vivant », il me faut la main levée du maître-chien, le « prêt », pour me rappeler à ce que je fais ici. Comme les autres, j'appuie sur mon chrono.

Le troisième jour, à l'étonnement de mes collègues, j'ai demandé que le dernier examen ait lieu au Forum des Halles, au milieu de cette foule qui se presse autour des bateleurs, des cracheurs de feu, des camelots...

MESSE CHEZ LE PATRON

Et c'est à l'intérieur d'un manège pour enfants que j'ai fait placer une corbeille à papier contenant une charge d'explosifs...

Parce que tuer trente enfants d'un coup, ce serait du gâteau pour un terroriste !

15.

DE DRÔLES DE DAMES

———————

— Cette tresse dans le dos ! Cette tresse...

Il est rouge d'indignation, ce chef, au demeurant brave homme, que je viens de croiser par hasard dans un couloir de la P.J.

— Non, Girouille, non ! Je ne comprendrai jamais que vous, vous acceptiez cette tresse.

Il s'en va en grommelant, et j'entends encore dans un marmonnement confus : « Cette tresse ! »

C'est toute une histoire. Celle de « mes » femmes.

Quelques mois auparavant, j'avais été convié au championnat d'Europameisterschaft, à Salzbourg, où sont présentés les chiens les plus beaux et les mieux dressés de toute l'Europe.

A ma grande surprise, j'avais vu des femmes présenter des bergers allemands. Mais là où j'ai été le plus stupéfait, c'est que ces chiens étaient éduqués comme j'aurais voulu que tous les nôtres le soient. Ce n'était pourtant pas des professionnelles. Elles faisaient ça par passion, et présentaient et conduisaient leur chien avec une remarquable aisance. Elles étaient vraiment le « chef » et les bergers allemands les acceptaient comme tel.

Je le reconnais : je n'avais jamais pensé que des femmes puissent être maîtres-chiens.

DE DRÔLES DE DAMES

Cette démonstration exceptionnelle m'avait fait réfléchir. Pourquoi n'employons-nous pas de femmes comme maîtres-chiens ? Et pourquoi ne pas le faire à l'avenir ?

Des femmes, il y en avait déjà depuis plusieurs années comme agents de police, et qui remplissaient parfaitement leur rôle. Mieux même, quand il s'agissait par exemple de veiller à la sortie des enfants d'une école, ou de les faire traverser.

Tout cela restait pourtant assez vague, lorsque le patron M. Bieysse me convoque, comme cela arrive souvent, pour une affaire de service.

On parle de différentes choses, et, subitement :

— Girouille, qu'est-ce que vous pensez des femmes ?

Je réponds, rigolard :

— Les femmes... hé, hé ! c'est intéressant !

Il hausse les épaules, gentiment :

— Que penseriez-vous de femmes comme maîtres-chiens ?

Le plafond me tombe sur la tête !

Il continue :

— Dans les rapports de volontariat (en style civil : « demande d'affectation »), j'en ai quatre ou cinq émanant de femmes. Or je sais qu'il y a des places vacantes en patrouille. Je suis perplexe, je l'avoue. Alors j'ai pensé que vous, comme responsable des sections drogue et explosifs...

Un petit sourire...

— Et, aussi comme le plus passionné de tous, vous pourriez me donner un conseil.

C'était — mais il l'ignorait — prêcher un convaincu.

— Tout à fait d'accord, patron.

Et, le sentant encore hésitant, je lui raconte mon expérience de Salzbourg, qui finit de le convaincre.

Qu'avions-nous fait là ?

Les gars de la patrouille ont regardé ces femmes comme des êtres bizaroïdes, tombant de la planète Mars. A croire qu'ils n'avaient jamais vu une femme de leur vie !

DES CHIENS AU SERVICE DES HOMMES

Je les ai vus arriver dans mon bureau, les uns après les autres, seul, ou par groupe, mais avec la même gueule furieuse et les mêmes phrases toutes faites : c'est à se demander s'ils ne les ont pas apprises par cœur.

— Alors, chef, on a des bonnes femmes, maintenant ?

J'attends une plaisanterie un peu grasse, une histoire gauloise... même pas ! Ils sont tellement furieux qu'ils n'ont pas envie de rire.

Je prends mon ton de « chef » :

— Elles sont très bien, mes bonnes femmes !

Ricanement :

— Et elles vont faire de nos bergers allemands des loulous... des toutous à leur mémère !

— Pourquoi pas des chiens de manchon, pendant que vous y êtes ?

Et à bout d'arguments, parce qu'il n'y en avait pas, le flicard me faisait bien entendre que ce serait le chien qui dirigerait le maître.

Cela n'a pas été facile, de les faire accepter... Des femmes dans la patrouille ! On aurait dit que, pour ces machos, c'était la honte.

Et puis le vent a tourné quand ils les ont vues. Il faut dire qu'elles étaient plutôt mignonnes, et du coup ç'a été à celui qui les aurait pour partenaires, en patrouille.

Mais ils se trompaient lourdement : le flirt, il n'en était pas question... Au moindre sous-entendu du gars, la riposte claquait : vive, gentille, mais qui ne laissait aucun doute ; elles voulaient être traitées en maîtres-chiens, pas en nanas !

Les hommes ont eu vite fait de comprendre qu'il s'agissait de filles droites et qu'il ne fallait les considérer que comme des policiers.

Alors — et ce n'est pas non plus à leur honneur — les mêmes gars qui s'étaient battus pour sortir avec les filles ont refusé obstinément de faire équipe avec elles !

La conclusion m'a été donnée par un petit chef :

DE DRÔLES DE DAMES

— Girouille, des femmes... quand même ! Ce n'est pas leur place !

Ces femmes maître-chiens — faute de chiens, elles n'étaient, pour l'instant, que suppléantes —, j'aimais, moi, bavarder avec elles. On se rencontrait obligatoirement, et je les trouvais bien. Très bien, même.

Elles parlaient facilement, plus que les hommes. Elles me confiaient leurs aspirations, ce qu'elles espéraient, parlaient des chiens avec intelligence et amour.

Rapidement, plus vite que les hommes, elles avaient acquis les connaissances de base. Mais, sans berger allemand à elles, je les sentais un peu désemparées, frustrées. C'étaient, sans aucun doute, ce dont elles avaient le plus envie : ce collègue à quatre pattes qui fait équipe avec vous !

C'est pourquoi, un jour, je les ai convoquées toutes les deux, Françoise et Marie-Té, dans mon bureau. Toutes les deux en tenue de policier.

Sans rien leur dire, sans rien leur promettre, je les avais soumises à un questionnaire dont le résultat pour moi était probant.

Je leur ai parlé de la drogue : je savais qu'elles étaient passionnées par le sujet, parce que femmes, justement, femmes qui pouvaient un jour être mères d'un drogué ! On ne peut être sûr de rien à une époque où les bagmans vont attendre les enfants à la sortie de l'école pour leur donner, comme un bonbon, une cigarette de marijuana. Et, le lendemain, le môme qui a épaté ses petits copains avec sa cigarette vient en demander une autre au monsieur bien gentil qui lui a donné la première.

Mais celle-là, il faut la payer... « Tiens, je t'en donne deux. Tu en vends une à un copain et l'autre tu la gardes pour toi. Si tu m'apportes bien l'argent, demain tu en auras d'autres. »

C'est ainsi que les trafiquants habituent à sept, huit ans, souvent moins, les mômes à la drogue, avec l'espoir qu'en grandissant ils se mettront aux drogues dures.

Je voyais la réaction des femmes lorsque je leur parlais d'un « chat » (un utilisateur de cannabis), d'un « junkie » (un adepte de drogues dures), d'un « sniff » (un renifleur de cocaïne ou d'héroïne).

Je leur ouvrais des horizons qu'elles devinaient, mais qu'elles ne savaient pas aussi effroyables.

Et lorsque je leur ai dit : « Aimeriez-vous quitter la patrouille pour entrer dans l'équipe de la drogue ? », je crois bien qu'elles m'auraient embrassé si elles avaient osé !

J'ai pris mon air le plus « patron » que j'ai pu :

— Pour moi, c'est d'accord. Mais il faut d'abord que vous sachiez ce qui vous attend : en patrouille, c'est facile, vous prenez votre travail à telle heure, vous le finissez à telle heure. C'est terminé, vous rentrez.

« Dans la brigade de la drogue, il n'y a pas d'heure de jour ou de nuit. Vous revenez chez vous, service terminé, et, manque de pot, la P.J. a besoin de quelqu'un et ça va tomber sur vous ! Et on repart ! Et pas question de rouspéter... Vous devez être disponible vingt-quatre heures sur vingt-quatre. Alors, pas d'enfant à s'occuper, pas de foyer, pas de vie de famille. Il y a autre chose : dans le groupe, c'est spécial, très spécial. Les gars ne vous embêteront pas, mais ils ne vous feront pas de cadeau non plus. Il faudra être patientes, les supporter et... me supporter ! Réfléchissez. Je ne vous demande pas votre accord aujourd'hui. Vous me direz demain...

Je n'ai pas eu à attendre le lendemain pour qu'elles me disent « oui ».

Avec enthousiasme !

Je n'ai jamais eu aucun ennui avec elles. Toujours à l'heure, toujours prêtes, toujours disponibles, ne m'embêtant pas (ce qui m'arrivait fréquemment avec mes hommes) avec leur vie privée. Courtoises, minutieuses, faisant tout correctement, se partageant les grosses tâches, comme le lavage des voitures, sans jamais râler.

Marie-Té était, si je puis dire, la plus « ménagère » des deux. D'elle-même, elle s'était chargée du rangement des drogues qui nous étaient confiées, ne les mélangeant jamais, les tenant bien en ordre dans une armoire, avec la minutie des femmes habituées à l'ordre.

Elles faisaient tout à la perfection, n'oubliant jamais de « désinfecter » les voitures après chaque sortie : il ne faut pas que des odeurs y stagnent qui troubleraient les chiens.

Impeccables !

Et, à mon étonnement, elles ont été bien accueillies par les hommes de mon équipe de drogue, contrairement à ceux de la patrouille.

D'abord, il faut le dire, parce que mes gars, qui ont horreur de faire des rapports, se sont déchargés sur elles de cette corvée. Mais c'est surtout leur gentillesse, leur efficacité qui ont fait qu'elles ont tout de suite été adoptées.

Mais si Marie-Té a immédiatement trouvé son emploi, Françoise (celle à la fameuse tresse !), davantage femme d'action, faite pour être sur le terrain, est toujours sans chien, et je vois bien que ça la ronge...

Je dois aller chercher deux bergers allemands au Centre cynophile de l'armée : un pour les explosifs, un autre pour la drogue.

J'emmène avec moi le « maître-explosif » ; nous choisirons ensemble son chien. Et puis je me tourne vers Françoise qui attend les ordres :

— Venez avec nous. Vous verrez, c'est intéressant.

Nous arrivons dans la cacophonie des aboiements. Françoise est éberluée :

— Mais ils sont combien là-dedans ?

— Entre quatre et sept cents.

Comme d'habitude, les militaires en ont sélectionné une vingtaine. Depuis l'histoire du grisou, avec mon fameux Ranco, loin de m'en vouloir, ils ont compris ce que je recherchais et je suis certain de trouver ceux qu'il me faut parmi ces bergers allemands.

On me les présente d'abord ; ils ont entre quinze et seize mois, le bon âge pour le dressage. Puis nous allons dans la cour de détente, où chaque chien va montrer ses qualités. Tous ont reçu un début de formation qui va, à peu près, jusqu'au rapport d'objet. Juste ce qu'il faut pour qu'ils aient déjà acquis le sens de l'obéissance, mais sans rien qui puisse gêner leur future éducation.

— Qu'ils sont beaux ! murmure Françoise à côté de moi.

Chaque fois que j'élimine un animal, je lui explique pourquoi : « Celui-ci est trop agressif... cet autre, en revanche, trop calme... ce troisième, pas assez obéissant... »

Je la sens passionnée, et... de plus en plus malheureuse.

Sélection faite, il en reste quatre en piste.

J'en choisis un, me tourne vers mon gars.

— Il te va ?

Ce sourire de bonheur, je l'ai vu sur chaque visage d'homme qui recevait son chien.

Et, à côté, cette figure morne, ces gros soupirs que j'entends sans y prêter apparemment attention ! Je me force à garder un visage immuable : celui du grand chef Sioux qui ne doit jamais rien laisser paraître de ses sentiments.

Négligemment, je me retourne vers Françoise :

— Il y a ce noiraud, là-bas... Qu'est-ce que vous en pensez ?

— Il est tout noir...

Cela arrive chez les bergers allemands. Entièrement noirs, ils sont tout aussi intelligents et aussi beaux que les autres, mais plus rares.

J'ai un faible pour eux. Peut-être en souvenir de Kiri, dont la robe était noire. Seules ses oreilles et ses pattes étaient tachées de feu.

Je hausse les épaules : celles de l'homme incompris par la femme idiote !

— Évidemment qu'il est noir...

Elle me regarde, hésitante, un peu de rouge aux pommettes.

— Pourquoi me demandez-vous ce que j'en pense ?

— Parce que ce sera votre chien.

Elle hésite une seconde, en regarde un autre — celui qu'elle aurait voulu sans doute. Mais déjà le « noiraud » a mis ses deux pattes sur ses épaules : lui, il l'a choisie sans hésiter pour maître. Un grand coup de langue, et elle fond.

Ce chien — Basko de son vrai nom — est devenu « son Noiraud » et elle l'adore.

Et tout s'est passé à merveille. Vivant complètement ensemble — je leur avais fait donner un pavillon dans le bois de Boulogne —, ils étaient en parfaite symbiose. Lui, comprenant son moindre signe, la moindre inflexion de sa voix ; elle, le « lisant » sans jamais se tromper.

A l'examen national, ils ont eu le maximum : 20 sur 20.

Mais le plus fier, c'était moi !

C'est quelques jours après leur succès à l'examen que Noiraud et Françoise ont fait leurs premiers pas officiels, avec Marie-Té pour assistante.

La P.J. me demande d'aller vérifier un bistrot.

Ce n'était pas une grosse affaire, mais un peu délicate.

Je passe prendre Marie-Té à notre P.C. du lac Saint-James, et, comme je savais que Françoise allait à Vincennes en entraînement, je la contacte par radio.

Ces deux « bonnes femmes », c'était un peu mon œuvre et je voulais vérifier moi-même qu'elles ne feraient pas de faux pas.

Le vrai bistrot. Rien à voir avec les « clubs », qui sont plutôt notre clientèle ordinaire.

On imagine la tête du patron en voyant entrer ces deux « gonzesses » en uniforme, accompagnées d'un chien tout noir !...

Quant aux clients, la première surprise passée, ils échangent le sourire, et même le gros rire, de circonstance. Des femmes-flics, on aura tout vu !

Ils ont tout vu ! Et leurs rires ont vite cessé quand Noiraud s'est conduit bravement, en vrai chien de drogue, trouvant, comme en se jouant, du H et un peu d'héroïne. Pas grand-

DES CHIENS AU SERVICE DES HOMMES

chose, juste de quoi attirer une clientèle plus jeune dans ce vieux bistroquet.

Il avait cessé de blaguer, le gros, derrière son comptoir... Il en suffoquait : deux femmes !

Oui, mais ce sont de drôles de dames.

16.

UN ROI À PARIS

On attend une personnalité étrangère, je le sais. Je ne suis donc pas étonné par ce coup de fil sibyllin :

— Passez au secrétariat du bureau du petit palais (celui du patron), il y a un télégramme. Venez le chercher.

Ce télégramme me donne les ordres qui concernent mes sections.

Il faut nous assurer, avec nos complices de la P.J., qu'aucune charge n'explosera, qu'aucun coup de fusil ne sera tiré, qu'aucune bombe ne sera jetée sur la voiture officielle. Bref, assurer partout la sécurité de notre hôte.

Ce travail minutieux, qui incombe principalement à nos bergers allemands, nous allons le commencer deux ou trois jours avant l'arrivée de celui-ci, le roi d'un pays africain, avec lequel nous entretenons d'excellentes relations.

Je commence, comme toujours, par Orly. J'y reviendrai deux heures avant l'arrivée officielle, pour une dernière inspection. Aujourd'hui, j'y vais avec deux maîtres-chiens jeter un coup d'œil général, afin de repérer tous les endroits où pourrait être dissimulé un explosif.

En apparence, ils ne sont pas nombreux : l'avion atterrira sur l'aire réservée aux personnalités et qui est gardée par des gendarmes. De là, le chef du protocole amènera immédiatement le roi au pavillon d'honneur qui est gardé par la police, et d'où il ne sortira que pour monter dans la voiture officielle qui a évidemment été passée au crible — tant par la police que par les chiens — et qui le conduira à son lieu de résidence.

Sur tout ce parcours, bien sûr, il y a des policiers, les uns en uniforme, les autres en civil, mêlés à la foule, et, aux points stratégiques, des maîtres-chiens de patrouille avec leurs bergers allemands.

Mais ceci ne me regarde pas. Mon travail à moi se passe presque uniquement dans ce fameux pavillon d'honneur.

Pour le chien, il s'agit d'un travail de routine, puisque c'est un des endroits où il a l'habitude de s'entraîner.

Mais ce que le public — qui n'y a jamais pénétré — ignore, c'est que ce « salon » comporte, en fait, deux pièces, des toilettes, puis, curieusement, une petite cuisine — en cas de buffet avec des petits fours à réchauffer, ou, plus simplement, si notre hôte demandait un café ou un thé.

C'est ce salon de réception que nous allons sonder millimètre par millimètre. Il s'y trouve cinquante endroits, au moins, où dissimuler un bâton de dynamite, de la tolite, ou tous autres produits, plus dangereux les uns que les autres.

Je ne calcule plus le nombre de fois où je suis venu dans ce pavillon afin d'en reconnaître tous les coins et les recoins, y compris... les prises électriques, qui constituent d'excellentes cachettes !

Les bacs à fleurs, également, font avec leurs plantes une cache merveilleuse. J'ai donc particulièrement habitué les chiens à renifler cette terre fraîche, qui peut dissimuler la très légère odeur d'un explosif.

C'est en travaillant ainsi qu'un jour, me trouvant dans un de ces élégants petits salons — grands fauteuils, tables basses et lampes avec ces abat-jour modernes en métal brillant —, me vient une idée : un trombone, un petit bout de fil de nylon suffiraient pour faire glisser à l'intérieur d'un abat-jour — ni vu ni connu — une charge minuscule, mais suffisante, d'explosifs.

Je tente l'expérience : du dehors, c'est invisible.

J'appelle un maître-chien :

UN ROI À PARIS

— Tu viens, mais sans ton chien ! J'ai quelque chose à te demander.

Le gars rapplique :

— Tu vois, dans ce salon, j'ai caché un explosif. Je n'ai rien soulevé, rien déplacé, et c'est à portée de la main.

Il a passé une demi-heure... sans rien trouver. Au bout de ces trente minutes, j'ai eu pitié de lui et je lui ai dit :

— Va chercher ton chien.

Le clebs, lui, n'a pas mis deux minutes pour découvrir la cachette.

Ce qui prouve bien que, dans certains cas — importants puisque des vies en dépendent —, le chien est supérieur à l'homme. Même si celui-ci est habitué à faire le même métier que le chien.

A 97 % nous connaissons donc, nos hommes et moi, toutes les caches possibles dans ce pavillon d'honneur. Restent 3 % de risques qui sont du seul domaine du chien.

Et jamais aucun roi ni aucun président n'a sauté jusqu'à présent.

J'espère bien qu'il en sera de même ce jour-ci pour la majesté africaine que nous attendons.

Son départ nécessitera plus de travail.

En plus de salon d'honneur, qui sera de nouveau passé au peigne fin, nos chiens d'explosifs devront fouiller minutieusement l'avion qui va ramener notre hôte dans son pays. Mais là aussi, c'est un exercice qu'ils ont accompli cent fois.

Deuxième ordre reçu : il concerne un hôtel, quelque part dans Paris, où descendent des personnalités politiques étrangères.

Nouveau coup de fil à un de mes maîtres-chiens :

— Tu rappliques avec ton berger allemand. On va préparer un hôtel pour un invité du président.

DES CHIENS AU SERVICE DES HOMMES

Pour nous, ces préparatifs, c'est plutôt un jeu. On serait trop porté à ne pas les prendre au sérieux ! Et on aurait tort : ce sont ces endroits-là qui sont le plus visés par les terroristes.

Portier, plus galonné qu'un général — tout le grand tralala, qui n'impressionne nullement le chien... et moi pas beaucoup plus : j'ai tellement préparé — dans ce même hôtel — de visites de personnalités. Mon maître-chien, pour lequel c'est une « première », est davantage sur son « quant-à-soi »... Un souverain... Un palace avec des étoiles à n'en plus finir.

— Allez, on commence par l'extérieur.

C'est qu'il faut vérifier les impondérables : ceux auxquels on ne pense pas et qui, justement imprévisibles, peuvent se révéler impardonnables !

C'est ce que j'explique à mon jeune collègue :

— Les sens interdits qui permettent à une voiture piégée de s'y engager... Un chantier ouvert depuis quelques jours... Tout peut être un piège.

Je le sens nerveux. Il n'avait pas pensé à cela. Son chien, peut-être, oui. Il observe, sent tout, s'arrête chaque fois que quelque chose l'inquiète, ne repart qu'après avoir tout humé.

Nous voici de retour à l'hôtel.

Pour cette fois, nous sommes, le maître-chien et moi, en civil. Le berger allemand, lui, a toujours le même uniforme.

Sans en avoir l'air, nous faisons un tour dans l'hôtel tranquillement, en touristes.

Pourtant, nous ne devons guère ressembler à ces riches clients. L'un d'eux nous regarde ; on sent dans son attitude comme une hésitation : nous ne sommes pas de « son monde ». Et puis ce chien...

Le concierge, qui a compris immédiatement, explique :

— Le service de sécurité, monsieur.

— Ah ! bien...

Il sort, légèrement inquiet, ne comprenant pas très bien ce qu'un service de sécurité vient faire dans ce palace. Que peut-on craindre dans un pareil endroit ?

Le concierge, lui, m'adresse un sourire complice ; clin d'œil :

— Allez-y, monsieur Girouille, vous connaissez l'hôtel.

Oh oui ! je le connais. Cela fait bien dix fois que j'y viens pour la même raison.

C'est une visite systématique — et pas toujours facile — de tout l'établissement : de la lingerie aux cuisines... des cuisines au bar, du bar à la suite royale.

Et cela dans la plus grande discrétion, sans gêner personne et en nous faisant remarquer le moins possible. Il y a là des milliardaires venus de tous les points du globe, des vedettes, des hommes politiques... Ce doit être une investigation secrète mais efficace de l'établissement... et de ceux qui, temporairement, y habitent !

Il faut donc le faire avec diplomatie et discrétion. Grand P.-D.G. ou prince du show-business pourraient prendre mal que mon Toutou vienne leur renifler les poches.

Ce qu'ils ignorent aussi, c'est qu'un peu partout sont dissimulés des flics en civil, mais plus « cool » que nous. Avec notre chien, bien que déguisés en honnêtes citoyens, nous puons la flicaille.

En fait, ce qui nous intéresse vraiment, ce n'est pas le personnel ni les clients — répertoriés dès leur arrivée — mais le va-et-vient des grands hôtels, et il y en a plus qu'on ne le croit.

Un homme d'affaires qui a donné rendez-vous au bar à un autre homme d'affaires... Un curieux, rentré pour voir comment est fait un palace et qui se dirige négligemment vers on ne sait où. C'est parmi ceux-là que peut se glisser un terroriste.

Celui-ci, par exemple, qui me tourne le dos et semble bien désœuvré...

Je me dirige nonchalamment vers lui, suivi de mon chien qui, lui, remue la queue ! L'homme se retourne, un pétillement de malice dans le regard. Il m'a reconnu en même temps que je viens de voir qu'il appartient à la Grande Maison. Sans rien qui le distingue — pas de chien, lui ! — il fait le même travail que moi. J'ai bonne mine !

Je les connais tous, comme eux me connaissent, au moins de vue. Nous nous retrouvons toujours dans les mêmes endroits...

DES CHIENS AU SERVICE DES HOMMES

Ce sont de bons acteurs, ce délégué du labo, celui-ci qui appartient à la sécurité présidentielle, ou encore celui-là des Renseignements généraux ; il se promène gravement, discutant Bourse avec un autre. Deux types dans les affaires, à n'en pas douter. Sauf pour nous, et très probablement pour le concierge et la réception de l'hôtel.

Quant à cet homme seul qui tapote nerveusement le bras de son fauteuil, attendant impatiemment, au vu de tous, quelqu'un qui n'arrive pas (qui n'arrivera pas !), c'est simplement le grand patron venu vérifier que tout se passait bien.

Je passe devant lui, sans le reconnaître, quoiqu'il nous ait rassemblés, il y a quarante-huit heures, pour un « briefing », afin de distribuer son rôle à chacun d'entre nous : en bref, écouter les conversations, se renseigner sur quelqu'un qui paraît douteux, etc.

Brusquement, mon maître-chien et moi disparaissons de la scène pour nous retrouver dans les coulisses du Grand Hôtel.

C'est là, dans ces immenses couloirs, ces pièces ignorées des clients que nous allons maintenant nous livrer à une fouille approfondie.

Pas un endroit, du grenier au sous-sol, ne sera oublié. Le moindre cabinet, le moindre recoin sera fouillé par les chiens, y compris le placard à balais. C'est vraiment du travail pointu !

Tout est passé en revue, et le sera à nouveau demain, juste avant l'arrivée des officiels.

Un arrêt devant une porte fermée. Nous l'ouvrons avec précaution pour voir les lingères lever les bras au ciel, sachant trop ce qui les attend.

La phrase rituelle : « Encore vous ! » qu'elles n'ont pas le temps de terminer : un gros museau renifle le tas de linge bien repassé et le fait tomber par terre où, d'une patte experte, mon chien l'examine consciencieusement.

C'est le jour J.
Une heure avant l'arrivée des officiels escortant le souverain,

on procède à une neutralisation totale du secteur. Plus de circulation à partir de trois cents mètres autour de l'hôtel.

Tout, aux alentours, est de nouveau vérifié : des égouts aux toits des maisons environnantes, sans parler de celui du palace où se tiennent en permanence quelques flics qui n'ont pas le vertige.

Jusqu'à la brouette du jardinier de Paris, venu replanter des fleurs fraîches dans un square proche. Bouche bée, ne comprenant rien à ce qui lui arrive, il voit sa brouette retournée et vidée de son contenu, qu'un chien éparpille sans respect pour les fleurs délicates qu'il ne s'agit plus, après son passage, de repiquer !

Le pauvre homme — un nouveau, qui ne nous connaît pas encore — n'a pas le temps de dire ouf ! Il reste là, éberlué mais muet. Ce gros chien dévastateur l'impressionne, plus encore que l'uniforme de flic de son maître.

Mais, surtout, ce qui a déjà été vérifié hier est repris aujourd'hui avec autant de soin, notamment — et encore plus finement, si c'est possible — la « suite royale ».

J'ai dit que, dehors, personne n'avait le droit de pénétrer dans l'enceinte contrôlée par la police. Il y a une exception pourtant : le maître-chien, qui, lui, s'y promène ostensiblement. En grand uniforme, à sa gauche, patte au pied, un superbe berger allemand !

De six heures en six heures, le maître-chien sera relevé par un autre. Il ne doit pas y avoir de temps mort.

De plus, durant tout le temps que durera la visite royale, il y aura une permanence chien-maître, prête à partir immédiatement sur un appel téléphonique ou radio.

Même après le départ de cette personnalité, une partie des effectifs restera encore quelques heures en place. Ils quitteront l'hôtel, les uns après les autres. Ce sera le « cerveau » de l'organisation qui s'en ira le dernier.

Le chien détecteur d'explosifs a donc sa place à part entière, comme je viens de le décrire, dans ce système de surveillance.

Et c'est pour moi la récompense de tous mes efforts.

17.

CINQ MINUTES
ENTRE LA VIE ET LA MORT...

―――――――――――――

Soyons honnêtes : nous ne sommes pas tous des surhommes et les bergers allemands ne sont pas tous des superdogs.

Il y a le hasard qui peut jouer pour — ou contre — nous.

Il y a aussi, comme dans l'histoire de la gare Montparnasse, les « gaffes » que nous sommes curieusement portés à oublier.

Nous nous trouvons dans un restaurant du bois de Boulogne, un restaurant où j'ai mes grandes et petites entrées — celui où j'ai fait la connaissance de Maurice Cherrey.

J'avais demandé au patron de cet établissement de luxe si nous ne pourrions pas profiter des heures creuses pour y dresser nos chiens.

Ce n'est pas chose facile, pour un chien, que la recherche dans un restaurant. Le profane n'y pense pas : une consigne, un garage, oui, il comprend... mais un restaurant ? C'est pourquoi, mon ami restaurateur n'avait pu — tout en me donnant son autorisation — s'empêcher de sourire.

Cela lui semblait si simple de « chercher » dans cette grande salle où il y avait, quoi ? des tables, des chaises... Le chien en aurait vite fait le tour et n'aurait pas beaucoup de mal à se donner pour repérer un sachet d'héroïne ou trouver une charge de dynamite !

Et puis il a cessé de se moquer quand il va vu.

CINQ MINUTES ENTRE LA VIE ET LA MORT...

Le chien cherche avec son nez. Et, dans un endroit comme celui-ci, il y a mille odeurs qui l'assaillent, celles des cuisines — autant de plats, autant de senteurs différentes —, celles des vins et des alcools, celles laissées par les clients... et même celles des bouquets de fleurs !

Et des fleurs, il y en a partout dans un restaurant de cette classe.

Un grand vase rempli de roses, de mimosas, de lys, tous avec leur parfum différent, constitue une planque idéale : le bagman et le terroriste savent que toutes ces odeurs mélangées vont camoufler ce qu'ils vont y dissimuler.

Quand le grand chien s'approche d'une des gerbes qui ornent la salle et plonge sa grosse truffe au milieu des roses, le patron ne dit rien — par amitié —, mais son comportement le montre assez : il imagine déjà ses vases par terre et les fleurs voltigeant dans l'air !

Aussi, sa surprise est grande de voir avec quelle délicatesse le berger allemand s'applique à ne pas déranger l'harmonie des bouquets. Je revois encore ces orchidées, si fragiles, et le chien promenant parmi elles son museau, sans en faire tomber un seul pétale !

— C'est pour vous, Girouille.

Le patron du restaurant me tend le téléphone :

— Alerte à une voiture censée être piégée...

Adieu fleurs et fruits, nous nous précipitons dans les voitures.

Comme ce n'est pas très loin, cinq minutes après nous sommes sur les lieux ; pour une fois les premiers. Quelques policiers seulement pour faire un barrage. On attend les artificiers en nous mettant nous aussi — consigne oblige — en dehors du barrage. Ils ne sont d'ailleurs pas longs à arriver.

Et nous nous regardons, les uns, les autres, perplexes.

Comment tourner autour de ces voitures alignées, nez contre cul, le long du trottoir ?

Pourtant, malgré la difficulté à les contourner, le chien en a choisi une qui semble particulièrement l'intéresser : une superbe Mercedes. Il s'en éloigne puis y revient. Sa respiration n'est pas normale, nous semble-t-il, et son comportement bizarre.

Or cette voiture, justement, est garée devant l'immeuble où habite un homme politique qui est, nous le savons, particulièrement visé. C'est peut-être cela aussi qui nous influence.

En fait, je le vois bien, les artificiers ne « sentent » pas plus cette voiture que, nous, nous ne « sentons » notre chien.

Seulement, comme chaque fois, c'est le compte à rebours — plus le temps passe et plus, si la voiture est effectivement piégée, elle risque d'exploser —, il faut bien prendre une décision.

C'est que les caches sont nombreuses dans un véhicule : faux garde-boue, faux enjoliveurs, sous le capot, la batterie factice, et le fin du fin : une bombe qui est déclenchée, involontairement, par le conducteur, en tournant le volant... tandis qu'au loin, bien dissimulé à nos yeux, le terroriste observe, avec des jumelles, et la télécommande à la main.

Dans le doute, les artificiers n'hésitent plus :

— Reculez-vous, on va « casser » la voiture.

C'est-à-dire qu'ils vont « mettre ce qu'il faut » pour tout ouvrir : portes, coffre, etc. Ça pète un bon coup et tout est ouvert !

Et nous voyons arriver « Bibendum », un artificier recouvert d'un costume que je ne peux pas mieux décrire qu'en le comparant au bonhomme des pneus Michelin.

Il est engoncé dans ce vêtement spécial qui, casque compris, comporte un blindage synthétique. Quand il va tout ouvrir en grand et pénétrer dans la voiture grâce un peu à ce costume et beaucoup à la chance, on peut espérer que, même s'il y a un piège à l'intérieur qui lui saute dans le nez, il n'y aura pas trop de dégâts. Qu'au moins il ne sera pas mis en bouillie.

Nous reculons de cinquante mètres. La témérité ne sert à rien et n'apporte rien.

Voiture fouillée, notre homme revient :

— C'était du bidon... Un petit plaisantin qui a donné une fausse alerte.

CINQ MINUTES ENTRE LA VIE ET LA MORT...

Et une erreur du chien ! Nous ne sommes pas fiers..., nous non plus.

La circulation est rétablie, et, tout en parlant, nous nous apprêtons à repartir, quand un monsieur très bien surgit devant la fameuse voiture.

Il faut avouer qu'elle n'est guère reconnaissable !

La tension de monsieur B.C.B.G., sa fureur aussi sont telles que nous les ressentons avant même qu'il ait dit un mot.

Sa voiture n'a pas sauté, mais lui explose.

— Qu'a-t-on fait à ma Mercedes ?

On le lui explique, avec toutes nos excuses, sans qu'il nous écoute : engueulade sur engueulade. On en a plein les oreilles !

Il faut se mettre à sa place... mais l'État est bon joueur ; il sera remboursé.

Les premiers attentats nous avaient surpris. On n'y était pas habitués, si j'ose dire.

Pour moi, le pire, c'était ce sentiment d'inutilité que j'ai ressenti bien souvent quand nous arrivions sur les lieux après une explosion.

Pourquoi étais-je là ? A quoi pouvais-je servir maintenant ?

Si j'avais pu savoir « avant », quelques minutes auraient suffi pour éviter cette horreur. J'avais envie de tout abandonner. Un découragement sans nom...

Par la suite, nous avons su mieux réagir. Les services de la préfecture de police ont appris aussi à « prévoir ».

Surtout grâce aux artificiers, nous avons su ce qu'il fallait faire et ne pas faire.

Mais, au début, nous ignorions jusqu'aux précautions à prendre, et c'était grave, car n'importe qui pouvait déclencher, en toute bonne foi, croyant bien faire, une explosion.

Ce jour de juin 1985, dans un restaurant des Champs-Élysées, à l'heure creuse, entre les déjeuners et les dîners, un chef de rang passant l'inspection des tables trouve un paquet abandonné.

DES CHIENS AU SERVICE DES HOMMES

Il pouvait — c'était même tout à fait probable — avoir été oublié par un client et négligé par un serveur. Quelques mois auparavant, c'est ce que cet homme aurait pensé. Mais, depuis les premiers attentats, des consignes strictes avaient été données : celles qu'aujourd'hui on lit, sans même y prêter attention, tellement c'est devenu banal, dans tous les aérodromes, les gares, les lieux publics : « Ne touchez pas à un paquet abandonné... »

Ce restaurateur les connaissait, et il était d'autant plus porté à les respecter que son établissement n'était pas très loin de la rue Marbeuf de sinistre souvenir !

Il se garde donc bien de toucher au paquet et sort à la recherche d'un agent de police.

Par chance, deux jeunes policiers passaient sur le trottoir. Il les hèle et, respectueux des ordres donnés, ceux-ci vont à leur voiture et alertent l'état-major par radio.

Mais, au lieu de se contenter d'attendre, bien sagement, maître-chien et artificiers, ils ne trouvent rien de mieux à faire que de prendre le paquet et de le descendre à la cave, sans même penser à faire d'abord évacuer l'établissement !

Des garçons tout neufs dans le métier, pleins de zèle, agissant, à leur avis, pour le mieux... Des gosses !

Il devait y avoir un piégeage à la manipulation. Lorsqu'ils ont reposé le paquet, celui-ci a explosé.

Quand le maître-chien est arrivé, quelques minutes après, pas plus, il a trouvé un bouton de veste imprimé dans le béton sept mètres plus loin. C'est tout ce qu'il restait des jeunes flics.

Mais une autre charge pouvait être cachée ailleurs... Sans perdre son sang-froid — il y avait pourtant de quoi — le maître-chien a mis son berger allemand au travail.

Cela a permis aux artificiers, arrivés en même temps que lui, d'éviter une autre catastrophe.

C'est ce jour-là que j'ai compris que, même « après », nous pouvions être utiles.

Il est bien évident que lorsque les attentats sont « revendiqués », ce n'est jamais « avant »...

Et c'est justement pour éviter des suites dangereuses que, chaque fois qu'un attentat a lieu, nous sommes appelés.

En 1986, l'année terrible, il y eut ainsi chaque fois une équipe chien-maître qui se rendait immédiatement sur place : un appel urgent de l'état-major et on démarrait, quel que fût l'endroit où on se trouvait. Le cœur pas gai, on savait ce qu'on allait trouver : cet aspect de désolation qu'on voit après un bombardement ou un tremblement de terre.

Mais ce qui était tout à fait nouveau, c'est qu'on pouvait toujours craindre que l'explosion n'ait peut-être eu lieu que pour attirer sur place toutes les forces de la police, les autorités, les secouristes, soit pour permettre un attentat — plus grave — autre part (cela s'est vu), soit pour faire exploser, au même endroit, une autre bombe qui nous aurait tous fait sauter.

Est-ce que je paraîtrais un peureux et un lâche en disant que nous avions tous, alors, cette petite crispation au cœur ?

Une tension nerveuse que ressentaient même les chiens. Comme si eux aussi « savaient ».

Nous cherchions, avec cette angoisse en nous, s'il n'y avait pas « autre chose » de dissimulé.

Par la suite, c'est devenu comme à la guerre : on s'y est fait !

Et puis les moyens s'étaient amplifiés, développés. Surtout — et c'était cela le plus important — au moindre signe, au moindre indice, même s'il devait se révéler faux, nous partions.

Et il faut dire que les gars des Renseignements généraux sont de drôles de « démerdards » !

Mais il y a aussi « l'homme ». On n'est pas des héros... ni des robots !

Même en période d'attentats, s'il se passe huit jours sans alerte, l'attention se relâche. On « guette » moins le détail, la petite chose qui, en apparence, n'a rien d'insolite, mais que pourtant nous devons pressentir.

Deux collègues du service général sont en faction devant un immeuble où a lieu une réunion politique. Tout est calme et s'ils sont là, c'est parce qu'ils ont reçu l'ordre habituel de ne laisser stationner personne.

Une voiture de fleuriste s'arrête. Quoi de plus innocent qu'une voiture de fleuriste ? Un gars en descend, une grande gerbe de fleurs dans les bras. Un petit signe amical... « Deux minutes, le temps de livrer ça et je repars. »

Il n'est jamais revenu — sorti par une autre porte —, mais deux minutes après, en effet, les mêmes policiers se sont retrouvés éparpillés en petits morceaux sur le trottoir.

La voiture du « fleuriste » était piégée et tout avait sauté.

C'est un 15 septembre.

Le triste mois de septembre 1986 où, presque chaque jour, a lieu un attentat terroriste.

La nuit — je ne dirai pas toutes les nuits, mais presque — quand le téléphone sonne, je sens le corps de Renée se réfugier contre le mien. Je l'entends balbutier dans le creux de mon oreille : « Attentat ». A peine une seconde après, nous sommes debout, tous les deux. En faisant le moins de bruit possible pour ne pas réveiller et inquiéter les enfants.

Ce 15 septembre, c'est la phrase devenue habituelle : « Attentat à... »

Quelques minutes à peine se sont écoulées quand arrive le maître-chien.

Un cordon de gendarmerie entoure une propriété dont l'aile gauche est entièrement effondrée.

On a beau commencer à en avoir l'habitude, c'est toujours le même choc.

Ce qui n'empêche pas, comme d'habitude aussi, le cercle de badauds, se pressant, se bousculant pour mieux voir... Ces cancans comme un bourdonnement incessant d'insectes.

Que font-ils là au lieu d'être dans leur lit ? Il est près de onze heures du soir ; les réverbères éclairent sinistrement cette ombre tragique que strient d'éclairs les projecteurs de la police.

Je n'ai jamais compris ce qui attire les gens sur le lieu d'un sinistre : cette curiosité malsaine qui les fait s'agglomérer comme des mouches là où il n'y a plus que sang, désespoir, ruines, tristesse, épouvante !

CINQ MINUTES ENTRE LA VIE ET LA MORT...

Un cordon d'agents les refoule avec difficulté — « Ben alors, si on peut plus voir ! » — à trois cents mètres.

Les gendarmes, qui se tiennent à même distance, en donnent l'explication à... Atlas ! Descendu le premier de la voiture, le berger allemand écoute gravement — et poliment — ces hommes qui commentent ce que lui, du premier coup d'œil, a déjà vu et senti.

Atlas a beau être nouveau dans le métier, il marche sur les traces de Suros et de Ronco. J'en suis fier.

Assis, sans bouger, tant que son « homme », René, ne lui en aura pas donné l'ordre.

L'adjudant s'est tourné vers lui. Il a beau avoir pris l'habitude de ces « exploits » des terroristes, il est pâle de rage, de dégoût.

— Tu te rends compte... La propriété entière est minée, c'est sûr ! Un miracle que personne n'ait été blessé ou tué ! Pour l'instant, toi, tes gars et ton chien, vous faites comme nous : vous restez sur place en attendant les artificiers.

Les artificiers... Personne, ni homme ni chien, ne doit bouger avant leur arrivée. Ce sont eux, toujours, qui risquent leur peau en premier. En attendant, les gendarmes racontent ce qui s'est passé.

Les mots s'enchevêtrent, ils parlent tous à la fois, se coupant la parole, sous le coup de l'émotion.

— La propriété... neuf bâtiments... quatre maisons... cinq granges... Je suis de ton avis, tout est entièrement miné ! Pour l'instant (geste vers l'aile en ruine), il n'y a que cela qui a sauté, mais il y a de quoi faire sauter tout le quartier d'un instant à l'autre.

Ils sont interrompus par les sirènes, les vrombissements des voitures. Avant même qu'elles soient arrêtées, les artificiers en ont bondi.

Hommes du futur — on se croirait en pleine science-fiction — ils sont revêtus de leurs costumes ignifugés et ont avec eux ces étranges machines, chargées de désarmer les explosifs.

Les policiers attendent sur place, qu'on autorise René et Atlas d'entrer en scène.

Un seul regret : ne pas disposer de plus de chiens !

Il faut imaginer, dans cette nuit qui est comme une matière épaisse, traversée par les flashes des lampes et des projecteurs, ces êtres bizarres qui entrent dans une propriété où n'habite plus que la mort. Plus loin, derrière eux, les gendarmes, et puis le chien qui tire son maître, comme ayant hâte d'arriver sur les lieux ; sent-il son efficacité ? Et puis, au loin, les flics qui retiennent toujours la foule. Mais, même parmi elle, le silence s'est fait, depuis que les artificiers sont arrivés. Ça bavardait ferme jusque-là, comme au théâtre avant que le rideau ne se lève, mais leur « entrée en scène » a fait taire le public. Après tout, c'est bien une tragédie qui va se jouer !

Les artificiers ressortent des bâtiments. S'adressent-ils à Atlas ou à René (je serai porté à croire que c'est à Atlas).

Doucement, silencieusement, sur la pointe des pattes, il entre dans la propriété. Avec autant de précaution, son maître le suit : il ne faut pas oublier que le moindre bruit peut faire exploser une bombe, même à distance.

Atlas s'est arrêté au milieu de la pièce que lui ont ouverte les artificiers : un grand salon.

Il hume les imperceptibles senteurs qui n'arrivent pas au nez imparfait des humains.

Et puis il se dirige vers une bibliothèque, dans le fond de la pièce. Il s'arrête devant ; à trois mètres exactement, comme on le lui a enseigné : comment fait-il pour savoir exactement la longueur qui le sépare du meuble ? Je suis sûr qu'on mesurerait, il n'y aurait pas un centimètre de plus ou de moins.

Il sait qu'il ne doit pas aller plus loin, mais son museau est nettement pointé vers un endroit précis.

Les démineurs se dirigent vers l'endroit indiqué par Atlas. Comment rendre l'atmosphère de cette pièce ? Ces hommes silencieux, ce chien qui recule doucement...

Mais, quand ils arrivent au point désigné par Atlas, leur stupeur est la récompense du chien : trois paquets de quatre

CINQ MINUTES ENTRE LA VIE ET LA MORT...

cents grammes de titanite (un des plus dangereux explosifs) sont dissimulés derrière les livres. Ce n'est pas le plus important. Le plus grave, ce sont ces trente et un mètres de cordon aboutissant à un détonateur.

De loin, on les regarde faire, observant les précautions avec lesquelles ils manient ce matériel de mort. (Je ne sais ce qui est le plus fort en moi de l'admiration ou... de la crainte.)

Un repos bref; une félicitation à voix basse, une caresse et Atlas se remet au travail.

Là, même pas d'hésitation : il va directement vers la cheminée, s'arrête... pourtant un peu plus loin que les trois mètres.

Oui, c'est le plus loin possible qu'il est couché. Il y a pour lui danger de mort à s'approcher. Il ne s'agit plus là de dressage : on lit la crainte dans ses yeux. Il sent que se trouve là quelque chose d'anormal.

Et quelle chose!

La trouvaille précédente n'était rien à côté de ce que viennent de découvrir les artificiers.

Un baril en métal de vingt-deux kilos de nitrate-fuel, accouplé à une bouteille de butagaz, elle-même reliée à un autre baril de fuel.

Et, sur un congélateur, un réveil avec un détonateur relié au tout.

Le réveil est réglé pour vingt-quatre heures. Il est vingt-trois heures cinquante-cinq.

Les artificiers font signe (un explosif peut aussi être déclenché à la parole!) de quitter la pièce, d'aller le plus loin possible.

Ce qui étreint à cet instant est au-delà de la peur.

Et Atlas, oreilles basses, queue entre les jambes, est le premier à sortir.

Je comprends ce comportement qui pourrait sembler étrange : en effet, ce n'est pas de l'éducation, mais de l'expérience. Au tout début, un piège a éclaté à quelques centimètres de son museau : il ne l'a pas oublié.

Dehors, les gendarmes, prévenus par les policiers, ont dans le plus grand silence — cette fois les « badauds » ont compris — fait reculer la foule. Certains s'enfuient à toutes jambes !

Les artificiers ont cinq minutes devant eux pour désamorcer cet engin de morts.

Et je mets « mort » au pluriel.

On a beau en avoir vu beaucoup, avoir, depuis pas mal de temps, la « frousse » pour compagne, j'en suis sûr, gendarmes, maître-chien, tous ceux qui sont là, ont le cœur qui bat la chamade.

Cinq minutes qui séparent la vie de la mort.

Ces cinq minutes, elles ont donné un sens à l'éternité.

Et puis, au bout de ce temps si long, si long qu'il semblait ne jamais devoir finir, un artificier sort, souriant...

— C'est désamorcé.

Il est vingt-trois heures cinquante-neuf.

Il reste encore les granges et la remise à explorer, mais on n'y voit pas assez pour continuer le travail, alors que tout reste à craindre. Ce qui vient de se passer ne laisse aucune illusion : impossible de continuer sans péril.

L'officier de police chargé de commander ce petit groupe donne l'ordre de se retirer.

La foule, en les voyant partir, rentre chez elle, mécontente et déçue, prête à les engueuler : elle n'a rien vu, on ne lui a rien dit, même pas pourquoi elle avait été repoussée par les policiers.

On a quand même jugé inutile de les tenir au courant : il ne s'agit pas d'un roman policier.

Et ce qu'ils ignorent aussi, c'est qu'avec Atlas (si on ne lui décerne pas une médaille d'or...), ils reviendront le lendemain matin à l'aube.

Ils ne dormiront pas beaucoup cette nuit. Et pas seulement parce qu'il n'y aura que quatre heures entre coucher et lever. Une hantise : si ça sautait pendant qu'ils ne sont pas là !

Cinq heures du matin.

Les mêmes, sur les mêmes lieux. Moins les curieux. Ils ne se lèveront quand même pas à cinq heures pour voir tout sauter !

CINQ MINUTES ENTRE LA VIE ET LA MORT...

Brumeux, fatigués, angoissés... Seul Atlas est heureux. Il adore travailler et il est très fier quand un succès aussi éclatant que celui de la veille lui vaut les félicitations de tous ces hommes « incapables ». Que feraient-ils sans lui ? Cela se lit sur son museau. Mais, ce matin, son air dégoûté semble indiquer qu'il n'y a plus rien ! Et puis, subitement, il change d'allure, se dirige, sans hésitation, vers une partie de l'aile droite encore intacte, y entre... stoppe, désignant la salle de séjour : dans celle-ci vingt et un kilos de nitrate de fuel... et les quatre cents grammes d'explosifs qui devaient faire office de détonateur n'ont pas été oubliés : ils sont bien là.

S'il n'y avait que cela ! Dans la chambre à coucher, adjacente, dix-neuf kilos de nitrate, le cordon détonant et... un réveil qui devait mettre tout en marche à vingt-deux heures trente, la veille... Au moment où toute l'équipe était là !

Je pense au pâté de policiers que cela aurait fait !

Or le dispositif pourtant impeccable, installé sûrement par des pros..., n'a pas fonctionné.

Incroyable. Le miracle.

Et tous se retrouvent dans un bistrot, à un demi-kilomètre de là, les jambes flageolantes, la bouche sèche, attendant le « boum » qui va pulvériser ceux dont on ne dira jamais assez l'héroïsme.

Seul, l'âme en paix, Atlas roupille tranquillement.

Une demi-heure se passe, machinalement, à boire café sur café.

Et puis la porte s'ouvre et les artificiers, rigolards, intacts, font leur entrée.

On les applaudit comme des vedettes.

Leur chef hausse les épaules :

— On avait un petit canon à eau. On a tout bêtement détruit le réveil.

« Tout bêtement. » Exposant, comme d'habitude, leur vie pour sauver... Avec de telles charges, le quartier entier sautait.

Atlas se lève, s'étire... « Et moi alors ? »

Il tend sa patte au chef de l'équipe : d'égal à égal.

18.

LA CONSIGNE DE LA GARE DE LYON

Il est neuf heures du soir. Nous venons de finir de dîner. On est fin mars ; les enfants sont en vacances de Pâques. C'est bon d'être seul avec Renée.

— Peut-être aurons-nous une nuit calme, pense-t-elle.

Et, bien sûr, comme pour la détromper aussitôt, le téléphone sonne :

— C'est sûrement pour toi...

Nous ne sommes pourtant qu'au début de la vague terroriste. Ma femme n'y est pas encore « accoutumée », si j'ose dire, et ce coup de fil dans une soirée qu'elle espérait heureuse l'angoisse.

C'est un peu comme au début d'une guerre, quand on n'est pas encore entré dans la routine de la terreur.

Le terrorisme, c'est la guerre, et une guerre d'autant plus terrifiante qu'on ne sait pas qui on a en face de soi. Pour moi les terroristes, ces hommes qui tuent des civils inoffensifs, sans rien risquer, eux sont avant tout des lâches, d'infâmes lâches !

Au bout du fil, c'est l'état-major.

— Un coup de téléphone... Anonyme, bien sûr. La consigne de la gare de Lyon... Des explosifs y seraient dissimulés. Tout de suite sur les lieux.

Ce peut être vrai comme ce peut être faux ; on ne compte plus les appels de fous ou de guignols qui se croient drôles...

Mais il faut toujours agir comme si c'était vrai. Il n'y a donc

LA CONSIGNE DE LA GARE DE LYON

pas une seconde à perdre. J'appelle un de mes gars, le charge d'avertir l'autre.

La voiture de service qui vient me chercher est déjà devant la porte.

Un baiser rapide à ma femme, mais le cœur y est. Elle le sait, comme je sais qu'elle ne dormira pas avant mon retour.

Je prends en passant les maîtres qui m'attendent, mon meilleur limier — Suros — et un nouveau... mais je n'en ai pas d'autre à ma disposition.

La consigne de la gare de Lyon, je la connais, comme celles de toutes les autres gares, pour y avoir souvent entraîné les chiens.

C'est immense une consigne et ici, de plus, il y a un problème que je connais bien. Les coffres sont de deux sortes : les nouveaux, qui s'ouvrent avec une carte magnétique — sans problème pour nous — et les anciens, avec un monnayeur, aux portes beaucoup plus épaisses, pour pouvoir y glisser la monnaie.

C'est cette épaisseur qui est gênante, car il faut un certain temps pour que le nez du chien repère l'odeur intérieure. J'avais fait plusieurs fois l'expérience, et je le savais. J'ai d'ailleurs toujours été ébahi par le fait que le chien puisse percevoir quoi que ce soit au travers, et pourtant...

De plus, étant donné l'angoisse causée par l'appel téléphonique, il y a beaucoup de monde sur place : deux artificiers, des employés de la S.N.C.F., responsables du service, les flics chargés de renvoyer les voyageurs qui viennent chercher leurs bagages. Cela fait beaucoup d'odeurs — sans compter celles qui y stagnent : une consigne est un lieu de passage —, des odeurs qui nuisent à celles recherchées.

Un chef donne le départ :

— Bon ! on y va, les enfants.

C'est compter sans ces voyageurs, souvent provinciaux ou étrangers, de passage à Paris qui ne comprennent pas — et cela d'autant moins qu'on ne leur donne aucune explication — qu'une barrière de flicards, cinquante mètres avant l'entrée de la consigne, leur interdise de passer malgré leurs cris, leurs imprécations : « Mon train... Je vais rater mon avion... Mais, bon sang, laissez-moi entrer... » Certains exhibent des cartes, plus ou moins authentiques de diplomates ou de représentants de commerce, mais rien n'y fait. Le président de la République lui-même serait refoulé car, s'il y a une déflagration, elle sera énorme.

Petit à petit, nous commençons à faire le tour des consignes. Suros a été mis en liberté pour pouvoir mieux chercher et agir plus facilement. On peut lui faire confiance, au champion !

Il va donc, humant, s'arrêtant une seconde pour repartir aussitôt. Le temps s'écoule. Nous commençons à nous demander s'il ne s'agit pas, une fois de plus, d'un appel bidon, et puis, vers minuit, une hésitation du chien : il ne s'arrête pas et pourtant, devant un coffre, il marque un intérêt, difficile à traduire.

Jamais je ne l'ai vu réagir ainsi : il va pour se coucher, puis se relève, hume l'air...

Le doute me prend. J'appelle le deuxième berger allemand qui, lui, n'a encore jamais travaillé en réel. Son maître lui passe son harnais — il est trop jeune pour être livré à lui-même — et je le fais commencer cinq ou six mètres avant l'endroit où se trouve Suros.

Il se dirige sans hésiter vers lui et stoppe, net, au même endroit. Mais, lui non plus, il ne se couche pas... ni ne va plus loin !

Les artificiers nous font mettre au fond de la salle : il faut tirer l'histoire au clair et, pour cela, ouvrir la porte du coffre à l'aide d'un cordon détonant. S'il y a un piège à la vibration, avec les zones de résonance on est bon ! Mais que faire d'autre ? Il faut bien voir...

Et, dans la consigne ouverte — sans dommage — les artificiers trouvent... un tas de boîtes métalliques vides, genre container à bière, à Coca-Cola, et à côté un plan de Paris avec des croix marquées en rouge sur des endroits bien précis : un ministère, une ambassade, etc.

Ce plan, par la suite, a d'autant plus intéressé la P.J. que les

LA CONSIGNE DE LA GARE DE LYON

endroits marqués correspondaient tous à un emplacement où avaient eu lieu des alertes à la bombe !

Des boîtes vides, donc, mais pas d'explosifs... Alors, pourquoi ce comportement étrange des chiens ? Parce que — les labos nous l'ont confirmé par la suite — il y avait eu des explosifs dans ces containers !

A travers les douze centimètres d'épaisseur des portes, plus les emballages vides, une odeur était restée qui était parvenue au nez des chiens ; si ténue qu'ils hésitaient, peu sûrs d'eux !

Mais nos bergers allemands sont fatigués. Impossible, pour l'instant, de leur faire humer les rangées supérieures, pour lesquelles il faut que nous les portions à bout de bras, afin qu'ils soient à leur hauteur. Trente-cinq kilos de poids mort, car ils se refusent à travailler.

Que faire ?

C'est le patron qui a pris la décision. Il était là depuis le début et avait tout organisé. C'est dans ces moments-là qu'on se rend compte qu'un patron est quand même utile.

Il regarde sa montre : une heure du matin, et se tourne vers le chef des artificiers.

— Avez-vous le temps de tout contrôler dans la nuit ?

La réponse est formelle :

— Non.

— Et vous, Girouille, votre avis ?

— Les bêtes sont crevées et je n'ai pas d'autres chiens. Je ne peux pas vous assurer que ce sera du bon travail !

Quelques minutes de réflexion, et puis, de nouveau, aux artificiers :

— Pouvez-vous me dire — dans le cas où il y aurait une bombe quelque part — si elle sautera avant six heures du matin ?

— Oui. Elle sautera avant.

Celui qui vient d'affirmer cela, c'est le chef artificier dont j'ai parlé : un gars remarquable. Ce qu'il dit, si incompréhensible que ce soit pour nous, on peut s'y fier.

Alors le patron n'hésite plus :

— Si elle doit sauter, elle sautera ; mais il n'y aura personne. Sortez tous. Je maintiens mon service extérieur jusqu'à demain six heures. Allez vous reposer, les enfants !

On est tous partis et tout a été bouclé.

Les voyageurs, malgré leurs glapissements, leurs menaces, ont été évacués jusqu'à la zone de sécurité. Ne sachant toujours pas de quoi il s'agissait, s'agitant, s'adressant l'un à l'autre, allant trouver les flics : plus d'une cinquantaine qui faisaient un cercle hermétique pour empêcher d'entrer et qui ne connaissaient que la consigne « On ne passe pas ! ». Quant à dire pourquoi, ils haussaient les épaules : eux-mêmes n'en savaient rien.

Et rien n'a sauté !

— Tu te rends compte : deux étages et huit cents box à visiter !

C'est le maître de Castor qui me raconte cette opération à laquelle je n'assistais pas.

— Ne me fais pas un fromage : ce n'était pas une alerte à la bombe... Juste une intervention à la demande de l'E.M.

Mais mon gars ne veut pas en démordre :

— Parce qu'ils avaient des doutes et qu'ils voulaient qu'on vérifie les box ! J'aurais voulu t'y voir ! C'est déjà inquiétant en soi, un parking, mais quand tu sais qu'il va peut-être exploser avec toi dedans...

Nonchalant, Castor se gratte une puce inexistante. Visiblement, il trouve que son maître exagère.

Je sens qu'il faut que j'écoute l'histoire de mon maître-chien. Nous sommes tous les deux dans le petit P.C. bien paisible du lac Saint-James. Des oiseaux chantent, un cygne passe sur le lac, je me sens si loin de toutes ces horreurs... Il ferait bon d'aller patrouiller avec Kiri... je soupire en pensant au passé. Pendant quelques secondes, j'ai cessé d'écouter mon gars. Je reviens au présent.

— On était quand même trois maîtres-chiens.

LA CONSIGNE DE LA GARE DE LYON

Trois chiens pour huit cents box ! A nouveau, je me dis qu'il faudrait augmenter les effectifs. Ah ! si l'administration...

— ... Sept heures vingt du matin. L'heure où les usagers commencent à venir chercher leur voiture. On n'avait pas fermé le parking puisqu'il n'y avait pas alerte, et trois chiens sur deux étages, dans un énorme sous-sol, ça ne se remarque pas... Et puis les automobilistes ont pris l'habitude, maintenant. Comme ils ne pouvaient pas nous voir tous en même temps — on s'était dispersés —, si l'un d'entre eux rencontrait un berger allemand, il n'y faisait même pas attention... Pour lui, c'était une ronde de routine.

« Imagine leur étonnement quand, subitement, un flic bien poli leur demande :

« — Vous permettez, avant de partir, qu'on jette un coup d'œil dans votre voiture ?

« Dans ces cas-là, habituellement, tu as toujours le grincheux qui rouspète. Non là, tous gentils. L'un d'eux me dit :

« — Dans ces parkings, voir la police qui surveille, c'est rassurant.

« Bien sûr, on avait " oublié " de leur dire ce qu'on cherchait.

« Quand même, huit cents box à visiter... Tu imagines un peu le boulot ?

Si je l'imagine ! Je pense à la consigne de la gare de Lyon...

— Qu'est-ce que tu voulais qu'on fasse ? On a pris chacun une rangée de box et on a commencé. Ça a duré toute la matinée : on avait débuté par le sous-sol, box après box. Nos chiens commençaient à en avoir ras le bol...

Je ne peux m'empêcher de sourire : sacrés cabots ! Ils savent nous le montrer quand ils ne veulent plus travailler !

— Ça, tu peux le dire : museau tourné vers nous, l'air de dire : « Qu'est-ce qu'on fiche là ? » Toutes les quarante minutes, on les remontait à l'air libre, mais ça ne servait plus à grand-chose.

Cette fatigue, cette lassitude du chien, surtout s'il ne trouve rien, le maître les ressent dans sa tête et son corps : télépathie

171

entre « collègues », et elles le font flancher lui aussi. Comme sa bête, il se demande : « Qu'est-ce que je fiche là ? »

— A une heure, on décide d'arrêter pour aller manger un morceau.

Il rit :

— Ceux de la P.J., eux, ils ne pouvaient pas bouger : puisqu'ils ont demandé notre intervention, ils doivent rester là...

« Après avoir cassé la croûte, nous remontons plus frais, et nous repartons de l'endroit où on s'était arrêtés. Et les recherches reprennent. Pas de problème, sauf un. La plupart des box étaient ouverts, mais, quand l'un était fermé, il fallait que la P.J. le fasse ouvrir par le serrurier qu'ils avaient requis. Enfin le train-train ordinaire... Tu connais ça mieux que moi.

« Les inspecteurs nous précédaient et s'impatientaient... Évidemment, ils allaient plus vite que nos chiens : ils ne cherchaient pas, eux !

« Ils sont à peu près à six box devant les chiens quand je les vois s'arrêter pile devant un box un peu particulier : il y a de tout dedans, sauf une voiture. Des caisses, des sacs de voyage, des valises, même des couffins ; et puis encore des caisses, mais celles-là, invisibles au premier abord, parce qu'elles sont recouvertes par des couvertures.

« Somme toute, un box, comme il y en a, qui sert de débarras.

« Mais... mais... tu sais qu'on est soupçonneux de tout quand on cherche quelque chose.

« Et Castor est appelé.

« — Viens là, toi, dit l'inspecteur qui ne connaît pas le langage berger allemand.

« Il arrive au galop devant le box, et stoppe, net.

« On n'a rien trouvé le matin ; on n'a rien trouvé l'après-midi... Et puis voilà, que, d'un seul coup, crac, le chien se couche, pas loin — mais suffisamment pour nous intriguer — d'une caisse recouverte d'une couverture.

« Nous sommes tous arrêtés, les yeux fixés sur ma bête.

« Quand même, réaction humaine à la fin d'une journée de travail inutile, je me dis : après tout, Castor est comme nous, sujet à l'erreur !

« Je vais trouver un collègue :

« — Dis donc, mon chien s'est couché... Je voudrais bien que le tien vienne : deux valent mieux qu'un.

« Nous amenons donc le deuxième chien à côté du box douteux, et... il se couche à côté du mien, le nez pointé dans la même direction.

« Michel, tu connais le topo : les artificiers font reculer hommes et chiens et ouvrent la caisse que nos bonnes bêtes ont désignée.

« Six kilos d'explosifs, trois mètres de mèche, une quarantaine d'armes de poing...

« Et, dans une autre caisse qui se trouve à côté de la première... cinquante kilos de munitions de différents calibres.

« Sans Castor, on passait à côté !

19.

VOITURE PIÉGÉE

A l'époque, on était en 1985, les alertes se succédant, on nous signalait au moins quatre à cinq voitures suspectes par vingt-quatre heures.

Et c'était, chaque fois, le classique coup de fil. Comme ce matin :

— Girouille, une voiture suspecte signalée rue Saint-Dominique. Elle est là depuis plusieurs jours, devant un ministère où, justement, cet après-midi, il doit se tenir une réunion importante.

Taillables et corvéables à merci, les maîtres-chiens !

Je passe à mon tour la consigne, par téléphone, à Suros — pardon, à Jean-Pierre !

— Et presto, hein ! J'appelle le chauffeur de service (toujours une voiture banalisée) pour qu'il passe te prendre. Pas question que tu le fasses attendre. Tu devrais déjà être arrivé ! Je suis sûr que les artificiers sont sur place. Moi, je reste au P.C. Tiens-moi au courant par radio.

Dix minutes ne se sont pas écoulées que j'ai déjà le premier appel radio.

— On est sur place, me dit Jean-Pierre. Les artificiers étaient déjà là quand nous sommes arrivés... et il y a un barrage à cent cinquante mètres : le service de sécurité a fait évacuer tout le monde. C'est vrai que cette voiture abandonnée là, alors qu'elle est immatriculée « Bouches-du-Rhône », ça paraît plu-

VOITURE PIÉGÉE

tôt bizarre... Bon, les artificiers me font signe. Je vais mettre Suros au travail... Je te rappelle dès que je peux.

J'attends tranquillement, savourant le plaisir (le plaisir, est-ce si sûr ? Ne serait-ce pas plutôt l'ennui ?) de faire travailler quelqu'un à ma place.

Trente minutes se passent, monotones, puis le téléphone :

— Alerte pour rien. Suros a fait le tour de la voiture. Il l'a inspectée comme tu sais... sans rien marquer. Aucune attitude de détection. Les artificiers sont passés aussitôt après avec leurs engins. Rien de suspect, pas plus pour eux que pour le chien. Tout le monde s'en va... terminé.

Terminé !

Quinze jours après, je venais d'arriver à Orly pour un entraînement à l'explosif sur un avion lorsqu'on m'appelle par radio.

Une voix anonyme :

— T.P. 271 explo 3. Prenez contact avec bureau de T. 1 171 (le patron du patron).

— Bien reçu message. Affirmatif.

Je n'ai pas le temps de décrocher mon téléphone pour prendre le rendez-vous qu'un deuxième message rectificatif m'arrive :

— Rendez-vous immédiatement au bureau de T. 1 171.

Qu'est-ce que le grand patron me veut ? Quand on est convoqué à son bureau, c'est toujours pour une chose importante...

Et généralement pour vous faire remonter les bretelles !

Je me dis donc : « Il y a quelque chose, mais quoi ? » J'ai beau chercher, je ne vois pas.

Je fais faire demi-tour au chauffeur :

— Orly, c'est fini...

Tant pis pour les maîtres-chiens qui m'attendent !

On arrive à la Cité, vite fait ! Je descends de la voiture à peine arrêtée et je monte les escaliers quatre à quatre.

J'ouvre, sans même frapper, la porte du secrétariat. Le principal, qui me connaît pourtant bien, me dit, assez froidement :

— Bonjour, monsieur Girouille.

Contrairement à ce qu'on pourrait croire, le « monsieur » n'est pas bon signe.

Je demande :

— Qu'est-ce qu'il me veut ?

Motus et bouche cousue.

— Je vais vous annoncer.

Il revient aussitôt, laissant la porte ouverte :

— Vous pouvez y aller.

J'entre dans le grand bureau où je ne suis venu que deux ou trois fois. Le patron est très détendu, comme d'habitude, et, comme d'habitude, il fume son cigare.

— Girouille, vous êtes bien intervenu, vous ou un de vos hommes, rue Saint-Dominique, sur une voiture suspecte ?

— Affirmatif, patron.

J'allais lui dire : « Mais il n'y avait rien », quand le téléphone sonne, m'interrompant.

J'attends, de plus en plus angoissé.

La porte du bureau s'ouvre sur un planton tenant une chemise de courrier qu'il dépose respectueusement sur le bureau.

D'une main, le patron tient le récepteur, de l'autre il signe ses lettres.

Il prend son temps, je le sens.

Je n'aime pas ça, pas du tout.

Le courrier signé, le téléphone reposé, le planton parti, la fumée du cigare s'envolant vers le plafond, le patron se retourne vers moi :

— Oui, je vous disais, rue Saint-Dominique...

— Patron, mais on n'a rien trouvé de suspect !

— Vous devriez aller voir l'ingénieur en chef du labo.

Un nouveau rond de fumée, parfaitement réussi :

— Allez-y, il vous attend.

Il ne m'en a pas dit plus, et il m'a paru préférable de ne pas demander d'explication. Je file au labo, n'y comprenant rien, mais de plus en plus inquiet.

VOITURE PIÉGÉE

Le ton du grand patron n'était pas tellement aux compliments. Pas tellement aux reproches, non plus. Quelque chose entre les deux. Mais, m'avait-il semblé, avec une pincée de moquerie.

J'arrive au labo, pénètre dans le bureau de l'ingénieur en chef, que je connais bien :

— Dites donc, Girouille, il y a quinze jours, un de vos hommes est bien intervenu, rue...

Je le coupe, pas content cette fois :

— Et alors ? Il n'y avait rien !

Un petit éclair de malice :

— Rien... ou presque ! Seulement vingt-sept kilos d'explosifs.

Vingt-sept kilos... De quoi tout raser à deux cents mètres à la ronde. Je sens mes jambes se dérober sous moi, la sueur qui coule sur mon front.

— C'est... c'est impossible... Suros, mon meilleur chien... Les artificiers...

— Quand votre maître et son berger allemand ont tourné autour de la voiture avec mes hommes (les artificiers), il y avait toutes les chances pour qu'au même moment tout saute... Le détonateur était en route. Par miracle, il n'a pas fonctionné. Les terroristes avaient fait une erreur technique. Avec ce genre d'explosif, il ne fallait pas manœuvrer comme avec les autres, et ils l'ignoraient.

Qu'auraient-ils dû faire ? Il me l'a dit, mais ce n'est pas à écrire.

Et c'est cette fausse manœuvre qui avait sauvé nos hommes... et beaucoup d'autres avec eux !

La tour Eiffel me serait tombée sur la tête, j'aurais été moins écrasé.

Il l'a vu et m'a dit :

— Vous n'avez rien à vous reprocher, Girouille, ni à Suros : c'est un produit que vous ne connaissez pas encore.

L'irémite, inconnue en France à l'époque : un gel explosif fabriqué en Belgique, où on en avait cent kilos. La différence entre les vingt-sept kilos retrouvés dans la voiture — volée, elle aussi bien entendu — et les cent... on n'a jamais su où elle était passée. Du moins officiellement. Top secret !

Sur ces vingt-sept kilos — des boudins noirs, plats, scotchés les uns aux autres — le labo m'en a donné quelques-uns, afin que je puisse y habituer les chiens : encore une nouvelle odeur à mémoriser pour eux.

Quand même, je suis stupéfait : vingt-sept kilos, ce n'est pas rien, ça se voit...

— Mais où étaient-ils cachés ?
— Dans le coffre de la voiture.

Comme cette voiture gênait les véhicules officiels, on l'avait menée à la fourrière après notre passage.

Au bout de dix jours, personne n'étant venu la réclamer, on a essayé de contacter le propriétaire.

C'est là que l'on a appris que l'immatriculation de la voiture et son numéro correspondaient à une Peugeot... Notre voiture était une Renault 30, dont l'immatriculation avait donc été maquillée.

Du coup, elle est redevenue suspecte.

Dès qu'une bagnole est suspecte à ce point-là, on y regarde de plus près !

Elle a été ouverte, et dans le coffre on a trouvé une cantine et, dans la cantine, un gros truc genre poubelle, et dedans... vingt-sept kilos d'explosifs !

Si subtil soit son odorat, un chien ne peut pas trouver un produit qu'il ne connaît pas. L'ordre « cherche » concerne obligatoirement quelque chose qu'il a mémorisé.

C'est à la suite de cette histoire où tant d'hommes avaient risqué leur vie, mais dont on ne pouvait rendre Suros responsable, qu'un échantillon de « tous » les explosifs m'a été fourni. Au fur et à mesure qu'un nouveau était découvert, j'étais le premier à l'avoir pour que le chien apprenne à le reconnaître.

VOITURE PIÉGÉE

Et il y en avait de plus en plus ! Quant à moi, cela m'a posé un problème aussi embarrassant pour l'homme que j'étais que celui des robinets pour le gamin que j'avais été.

Combien de temps faut-il pour que parvienne à un chien l'odeur d'un produit enfermé dans un sac de plastique, enfermé lui-même dans un emballage placé dans une cantine à l'intérieur d'un coffre de voiture ?

Peut-être à treize ans l'aurais-je résolu ? Mais l'adulte que je suis n'y est pas parvenu.

Autres problèmes, aussi importants, et dont je ne trouvais pas non plus la solution, qui me fut donnée — comme il se doit — par le « professeur » Mac Leod [*].

Données des problèmes :

1) La température jouait-elle ?

2) L'hydrométrie (j'en avais eu l'impression) agissait-elle sur l'odorat du chien ? Nos bergers allemands travaillaient bien mieux le matin ou par hydrométrie normale que par temps sec.

Réponses du « professeur » à ces deux questions :

« 1) D'un point de vue physico-chimique, il est évident que plus la température est basse, plus la pression de vapeur est baissée. Les produits volatiles émis par une source, comme n'importe quelle préparation de drogue, sont à plus faible concentration lorsqu'il fait froid. En baissant la température, on arrive au seuil olfactif du chien. Certains composés de l'odeur passent encore, mais ils ne sont plus assez caractéristiques pour qu'il y ait identification.

« 2) Il est en effet préférable que le support soit humide pour retenir les molécules (odoriférantes). »

---

[*] Mac Leod est directeur du laboratoire de neurobiologie sensorielle au Centre d'études nucléaires de Fontenay-aux-Roses.

20.

CHIENS DE CATASTROPHE

C'est le 21 septembre 1992. Il n'y a pas longtemps. Qui ne s'en souvient ?

Une nuit de cauchemar pour Vaison-la-Romaine, la ville la plus touchée par les inondations. En cinq minutes, deux mètres d'eau ont envahi les maisons.

Les Bouches-du-Rhône, le Vaucluse sont victimes d'un véritable cataclysme. Le tonnerre, la grêle ajoutent à l'horreur. Les maisons flottent sur les eaux, leurs habitants tentent de s'accrocher aux branches des arbres.

Le ciel est tombé sur tous ces gens paisibles, qui, en voulant fuir, se heurtent à une muraille d'eau et de boue infranchissable. Un couple enlacé disparaît dans un tourbillon.

Kayser et Elpi, deux bergers allemands, et leurs maîtres arrivent immédiatement sur place. Ils vont travailler sans une seconde d'arrêt, l'un remplaçant l'autre quand il est à bout de forces. Pataugeant dans un mélange de boue, d'eau, de limon, se heurtant aux arbres déracinés, mais continuant leurs recherches.

Ce sont des *chiens de catastrophe*.

Les chiens de catastrophe ont été utilisés pour la première fois en Angleterre.

Pendant la guerre, lorsque les V1 commencèrent à tomber

sur Londres, causant les dégâts que l'on sait, un terrier, du nom de Beauty, sauva soixante-trois personnes et... un chat !

Que Beauty soit devenu une célébrité, pleuré par tous les Londoniens quand il mourut, n'a rien d'étonnant.

Une autre fois, ce fut un berger allemand, Irma, qui refusa de quitter une maison détruite, abandonnée par l'équipe de secours persuadée qu'il ne s'y trouvait aucun survivant. Les Anglais aiment et connaissent les chiens. Devant l'obstination de celui-ci, ils reprirent leurs recherches et retrouvèrent sous les décombres deux petites filles encore vivantes !

En France, il fallut attendre 1978 pour voir naître une première formation de « chiens de catastrophe » et ce n'est qu'en 1982 que fut institué le Brevet national des « chiens de catastrophe », le seul reconnu.

Aujourd'hui, nous avons une centaine d'équipes cynophiles brevetées. 80 % appartiennent aux pompiers et huit chiens ont pour maîtres... des femmes !

Et ils sont connus dans le monde entier.

Dans les tremblements de terre qui ont ravagé, ces dix dernières années, l'Algérie, l'Italie, le Mexique, la Grèce, l'Arménie, l'Iran, la Turquie, ce sont eux qui ont été appelés en premier.

A l'époque, ma brigade dépendant de la préfecture de police, je n'avais qu'un seul chien de catastrophe, je l'ai dit, Pax, qui appartenait à Vincent, un de mes meilleurs moniteurs.

J'ai fait, avec eux deux, pas mal d'entraînement pour qu'ils m'apprennent leur métier.

Entre autres, dans les carrières de Paris, qui se partagent, avec les catacombes, tout le dessous de la capitale. A elles seules, les carrières couvrent exactement 212 km^2.

Elles sont soi-disant ouvertes au public, en réalité seule une toute petite partie est visitable.

Un monde irréel, des kilomètres de « rues » cloisonnées par des murs de brique et qui portent le nom de la rue située au-dessus !

Elles aboutissent à des endroits bizarres et inquiétants : des salles immenses, d'autres plus petites, mais chacune ayant sa légende. Il y en a une, par exemple, dont l'acoustique est si parfaite qu'il paraît que des musiciens viennent y répéter.

Dans d'autres, des littérateurs, des peintres se recueilleraient pour y chercher l'inspiration... Curieuse idée, me semble-t-il ; il est vrai que je ne suis qu'un simple flic bien terre à terre.

En tout cas, des banquets y ont sûrement lieu, puisque, lorsque j'y suis descendu, j'ai trouvé des reliefs de nourriture.

Certaines « pièces » ont leurs murs recouverts de dessins, le plus souvent érotiques.

Quant aux sectes qui s'y réunissent, ce n'est un secret pour personne.

Dans cette atmosphère inquiétante où, de plus, l'hydrométrie est de 93 % et l'obscurité totale, nous marchons non seulement sur des restes de victuailles, des bouteilles vides, des bouts de chandelle, mais aussi sur des capotes anglaises ! Il y a quand même de drôles de gens qui fréquentent les carrières !

De plus, à certains endroits, il se trouve des puits de cinq à douze mètres de profondeur... sans protection évidemment, puisque personne n'est censé y venir.

Le risque est grand, pour les gens qui s'y rendent subrepticement, de s'égarer dans cet immense labyrinthe. La ville de Paris a bien fait clore les bouches d'égout qui y accèdent, mais il y a le système D et toujours des inconnus arrivent à pénétrer dans ces carrières.

C'est pourquoi nous y procédons à une recherche de gens perdus. Les « gens » en question étant deux policiers qui se sont cachés et que notre chien doit retrouver.

En fait, c'est nous qui perdons le chien. Subitement, plus de Pax !

Vincent l'appelle, inquiet. Son berger allemand, ne pas obtempérer à l'ordre : « Au pied », c'est impossible ! Et, au milieu de cette obscurité trouée seulement par nos torches, en dirigeant celles-ci sur la gauche nous apercevons un puits dissimulé par un renfoncement.

Et, dans ce puits, nageant désespérément en rond, le chien !

CHIENS DE CATASTROPHE

Impossible pour lui d'en sortir. Le bord est deux mètres plus haut et Pax n'a pas d'appui pour prendre son élan et sauter.

Vincent rassure son chien à la voix et se tourne vers nous :

— Tenez-vous bien, les gars, je saute... et je vous fais passer le chien d'abord. Ensuite, ce sera moi que vous hisserez.

On fait ce qu'il nous a demandé, nous tenant les uns aux autres pour résister, et tout se passe bien. On attrape d'abord Pax, que Vincent porte le plus haut possible à bout de bras ; il n'a pas pied et ce n'est pas facile en nageant. Puis c'est au tour du maître.

Pax s'ébroue joyeusement sur nous, et, comme si rien ne s'était passé, on reprend la recherche avec un gars trempé jusqu'aux os !

Et, tout aussi naturellement, Pax retrouve les agents soi-disant perdus.

Ce n'est plus une séance d'entraînement à laquelle nous nous livrons ce jour de décembre, mais à une véritable recherche.

A six heures du matin, je suis réveillé par la sonnerie du téléphone.

— Michel, il y a une explosion rue Biot, vraisemblablement due au gaz. Je passe te prendre.

En hiver, à six heures du matin, c'est encore la nuit. Et le spectacle qui nous attend est fantomatique.

L'immeuble date de 1930. Nous prenons l'escalier : tout, autour, est démoli, mais lui est debout, on ne sait par quel miracle.

Cet escalier qui grimpe dans le vide fait penser à un film surréaliste. Il aboutit à une petite plate-forme sur laquelle se trouve... un buffet !

Partout alentour, des décombres. Et, les lignes téléphoniques n'étant pas coupées, ça sonne à droite, à gauche, en haut, en bas... La radio a déjà annoncé l'accident, et ceux qui ont de la famille ou des amis dans l'immeuble appellent fébrilement... dans le vide !

183

DES CHIENS AU SERVICE DES HOMMES

Le film surréaliste tourne au film d'épouvante. J'avance en hésitant, sautant d'un mur écroulé à un autre mur. Devant moi, Pax.

Et, subitement, il stoppe net, me forçant à m'arrêter.

— Bon, Pax, qu'est-ce qu'il y a ?

Il répond à ma question à sa manière, en reculant doucement, me forçant à en faire autant.

Ne comprenant pas, je braque ma torche de manière à ce qu'elle éclaire le plus loin possible. Et c'est un trou qu'elle me montre : un trou que, étant alors dans un endroit assez stable, éclairant donc simplement mes pieds, je n'avais pas vu.

Pax m'avait épargné une chute de dix mètres.

On comprend pourquoi je l'aime particulièrement.

Appel téléphonique. Je soupire : quelle catastrophe m'attend encore au bout du fil ?

C'en est bien une : de taille, et à laquelle je ne m'attendais certainement pas.

La voix familière de Vincent :

— Chef, Pax et moi ne viendrons pas travailler demain.

— Et pourquoi ?

Le point d'interrogation qui perce dans ma voix n'est pas particulièrement aimable.

— Parce que nous partons aux États-Unis.

— Très drôle ! Et moi, je pars en vacances.

— Mais, chef, c'est sérieux. C'est la protection civile qui vient de me mettre en alerte. Avec ton accord, bien sûr. Il vient d'y avoir un glissement de terrain à Porto Rico : le quartier de Ponc — un quartier pauvre, évidemment — a glissé, entraînant deux cents habitations.

C'est le 9 octobre 1985 et il est quinze heures trente quand Vincent me passe ce coup de fil.

Pax est le seul chien de catastrophe dont dispose la préfecture de police. Il est normal qu'on ait fait appel à lui.

CHIENS DE CATASTROPHE

En fait, je suis assez fier qu'un de « mes » chiens et son homme volent au secours de l'Amérique.

Il est neuf heures, le 17 octobre, quand Vincent me retéléphone :

— Je suis à Roissy. Je rentre chez moi, mais avant je passe chez toi pour te raconter...

Une heure après, il est là, devant moi, pâle, accablé par la fatigue et par l'horreur de ce qu'il a vu. Pax, qui après avoir fait des miracles, vient de passer quelques heures de soute d'avion en soute d'avion, est aplati à ses pieds. Y a-t-il encore dans son rêve — il geint en dormant —, comme dans l'esprit de son maître, les jours, les nuits d'épouvante, d'effroi, de tristesse, mais aussi d'un courage exemplaire, qu'ils viennent de passer ?

— Tu ne peux pas imaginer, Michel ! C'est impossible. Oh ! au départ, c'était plutôt glorieux. Le détachement « Aide humanitaire » se composait de vingt-cinq hommes et de deux chiens : Pax et un chien de décombres appartenant à la Sécurité civile.

« Le jour où je t'ai téléphoné... voyons... ça fait... je ne sais même plus le combien on est...

— Tu es parti le 9, on est le 17.

— Presque dix jours... Et c'est comme une seule journée interminable. J'ai l'impression de n'avoir dormi qu'en avion ! Le reste du temps... Enfin, pour te résumer, nous arrivons donc le 9 à New York.

« On descend les chiens des soutes pour leur dégourdir les pattes. Ça n'a pas duré longtemps. Nous redécollons vers San Juan, où a eu lieu la catastrophe. Jusque-là, on était plutôt détendu... Plutôt " cocorico ", si tu vois ce que je veux dire.

« A San Juan nous atterrissons, côte à côte, avec un hélicoptère où on embarque, vite fait. Le consul de France, qui était là, blême, nous dit : " Attendez-vous au pire. "

« Pire ! Il n'y a pas pire... D'abord, le bruit : les gémissements, les cris, les plaintes, les supplications. Tout se mêlait

185

dans un charivari atroce ! Et, devant nous, une gigantesque plaine de boue d'où émerge une tête dont on ne voit que la bouche grande ouverte, hurlant sa terreur. Un corps qui se cabre pour tâcher de s'arracher à la boue... tout cela au milieu des décombres de maisons, des toits arrachés et des civières qui reviennent vers nous, portant un blessé ou un corps caché par un drap.

« Tout ça sous un soleil de plomb. A six heures, il fait déjà 30°. A midi, il fera 50°.

« Pax commence immédiatement la recherche. Il gratte et gémit devant les ruines d'une maison... Trois fillettes de six à dix ans ensevelies sous quatre mètres de boue séchée. Inutile de te dire que ce sont leurs cadavres seuls que les sauveteurs ont dégagés. Ou plutôt trois choses informes. Tu sais, comme si un sculpteur avait commencé, en glaise...

Il se tait, ne pouvant pas continuer sa phrase, la gorge contractée. Je sais qu'il se souviendra toujours de ces trois enfants.

— Heureusement, à dix heures, Pax a déjà dégagé onze personnes, vivantes celles-là. Se faufilant dans des boyaux, creusés par le hasard, à travers les ruines. Grimpant à l'échelle — il monte très bien, maintenant — pour arriver jusqu'à un toit où s'accroche un homme, invisible d'en bas, et qu'il a senti.

— Suivi par toi qui l'encourages.

— Je n'ai pas arrêté, tu penses bien, de lui parler, de le féliciter. Il en avait besoin, tu sais, avec ce qu'il faisait. C'était obligatoire pour le soutenir.

Oui, moi aussi, je crois que ce dialogue entre l'homme et son chien est d'une importance capitale. Cette voix connue, aimée, encourageante redonne confiance à l'animal, lui permet d'échapper aux stress qui le guettent : bruit infernal des engins de secours et, le soir, lumière des projecteurs.

— Ça a duré tard dans la nuit, et on a recommencé le lendemain. A cinq heures du matin, pour profiter de la fraîcheur ; et puis, plus vite on allait, plus on avait de chance de retrouver des vivants.

CHIENS DE CATASTROPHE

« Et voilà qu'à cinq heures, interrompant tout, la garde nationale nous donne l'ordre d'évacuer : il se trouvait des explosifs dans certaines maisons sinistrées ! Il ne manquait plus que ça...

« Enfin, à midi, on peut reprendre malgré les 50°, les chiens recommencent. Avec acharnement. Comme s'ils savaient que des vies humaines dépendaient d'eux.

Je suis certain qu'ils savent.

— On nous demande d'aller de plus en plus vite... Difficile de faire mieux avec cette chaleur torride, mais justement, à cause d'elle, les cadavres commencent à se décomposer ; les autorités craignent une épidémie.

« On a arrêté les recherches — il n'y avait plus d'espoir — le 15 octobre. Le gouvernement portoricain a mis un hôtel à notre disposition. On a pu enfin se laver et se changer. Depuis cinq jours, je n'avais pas quitté mes chaussures. Et on a soigné les bêtes. Elles aussi en avaient besoin.

« Et voilà ! Que te dire de plus ?

Je lui tape sur l'épaule. Une grande tape fraternelle. Il y a dans son corps la fatigue de ces journées épuisantes, mais, dans sa tête, tous ces cadavres, tous ces cris, toute cette horreur. Il faut le remettre à l'heure, comme une pendule détraquée. Et ce sont les mots de tous les jours que je lui dis :

— Tout ça c'est très bien, mon gars, mais ici rien n'a changé et tous les tremblements de terre ne t'empêcheront pas de faire ton rapport ! Alors rentre chez toi l'écrire ; mais, avant, dors. Tu en as besoin.

Je regarde son chien :

— Et Pax aussi. Il a fait du bon travail.

Vincent s'est levé, un peu titubant. La fatigue, l'épouvante...

Il se retourne vers moi :

— Ah ! c'est ça que je voulais te dire : Pax a découvert plusieurs personnes, toutes vivantes !

DES CHIENS AU SERVICE DES HOMMES

C'était un véritable exploit qu'avait accompli Pax. Un exploit tel qu'il est parvenu jusqu'aux oreilles des officiels. Et c'est à la suite de cela qu'on a décidé d'augmenter l'effectif des chiens de catastrophe. D'autant plus que ce n'était pas la première fois que nos bergers allemands sauvaient des vies humaines. Moins d'un mois auparavant, le 21 septembre 1985, Mexico avait connu un de ses plus graves tremblements de terre et les bergers allemands étaient intervenus. Pourtant, à cette époque, nos amis d'ailleurs ne croyaient pas beaucoup à leur efficacité.

Bientôt, dès qu'il y aurait quelque part dans le monde un tremblement de terre, un glissement de terrain, voire un bombardement, on ferait immédiatement appel à eux.

21.

LE BÉBÉ MIRACULÉ DE KALAMÁTA

Quand la terre avait tremblé à Mexico, la France avait été aussitôt appelée à l'aide. Les chiens en l'occurrence n'étaient pas les miens, mais ceux de l'U.S.C. (Unité de sécurité civile) dont je connais bien le responsable, le commandant Pascal.

La création en France du chien de catastrophe remontant à 1978, nos bergers allemands et leurs maîtres avaient déjà été utilisés en 1980 à El-Asnam, en Algérie; puis la même année en Italie du Sud, au Mezzogiorno... En 1983, ç'avait été à Beyrouth, mais pour autre chose que nous commencions à bien connaître chez nous : l'attentat de la poste de Drakar qui avait fait de nombreux morts et blessés.

La terre avait tremblé à Mexico le 21 septembre 1985. Une de ces terribles secousses terriennes qui sèment la terreur et la mort.

Les chiens de catastrophe se trouvaient alors à Briançon, en entraînement.

Quelques heures seulement après la catastrophe, trois chiens — Vony, Gasko, Kranto — et leurs maîtres prenaient, à Marignane, l'avion qui allait les transporter sur le lieu du sinistre.

Mexico-City se trouve à 2 250 mètres d'altitude... Une

atmosphère absolument inconnue des chiens. Allaient-ils la supporter ? Comment allaient-ils s'y comporter ?

Ils se mettent immédiatement au travail, avec une ardeur, une frénésie qui étonnent tous ceux qui sont là.

L'hôpital s'était effondré. C'est sur ses ruines que Vony, un grand berger allemand qu'on imaginerait davantage devant un jury de concours canin, se met à chercher.

Un peu trop beau, ce chien. Les Mexicains sont plus portés à le prendre pour un chien de luxe que pour le dépisteur exceptionnel qu'il est en fait, et ils ont du mal à le prendre au sérieux quand, le suivant dans sa quête, les sauveteurs tombent sur... les cuisines de l'hôpital.

Ils sont persuadés que ce sont les odeurs de nourriture qui ont guidé le chien. Malgré les affirmations de son maître qui fait entière confiance à Vony, dont il connaît le flair et les capacités remarquables, ils arrêtent la recherche. Comment se faire comprendre, dans une langue qui leur est inconnue, par des hommes qui ignorent tout du dressage de ces chiens, que, de plus, ils voient pour la première fois. Il n'y a pas de bergers allemands — même « civils » — au Mexique.

Cependant, les trois chiens, bien qu'ils ne soient plus pris du tout au sérieux, depuis « l'erreur » de Vony, continuent leur travail de marquage. Et on est bien obligé de croire ce qu'ils « disent », par la bouche de leurs maîtres, quand une dizaine de personnes sont retrouvées, vivantes, sur les lieux désignés par eux !

Les Mexicains pourtant, sans le dire, par politesse, pensent tout d'abord à une coïncidence... Et puis ils ne peuvent plus nier l'évidence : ces chiens retrouvent, mieux que les hommes, les gens ensevelis par le tremblement de terre !

Insensibles au vertige, passant en danseuse sur une poutre jetée au-dessus du vide, ils vont partout.

Du coup, revenant sur leur première impression, les Mexicains font totalement confiance à ces grands chiens, les suivant mieux, cherchant avec une meilleure volonté sur les emplacements indiqués par l'animal.

Et quand, le soir tombant, ils s'aperçoivent qu'en une seule

LE BÉBÉ MIRACULÉ DE KALAMÁTA

journée Vony, à lui seul, a permis de trouver onze personnes, l'admiration prend le pas sur le scepticisme. Honnêtement, ils l'avouent : ces chiens, quand ils sont descendus d'avion, ils s'étaient demandé ce qu'ils venaient faire ici.

Ils le savent, maintenant : dix-huit personnes ont été retrouvées, grâce à ces grandes bêtes qu'ils n'avaient pas prises au sérieux.

Et, subitement, le chef des sauveteurs se souvient des cuisines de l'hôpital.

Ce n'était peut-être pas les odeurs culinaires qui avaient alerté Vony. Son maître, lui, en est persuadé depuis le début.

Une journée s'est écoulée, une longue, une interminable journée. Mais on décide, malgré la fatigue de tous, de reprendre les recherches.

Si, par leur faute, leur manque de confiance, quelqu'un était en train de mourir, ils ne se le pardonneraient jamais!

De nouveau, l'équipe de sauvetage déblaie, avec un acharnement décuplé par la crainte et la fatigue : il arrive un moment où la fatigue est telle qu'elle fait l'effet de l'alcool et pousse à se dépasser soi-même.

Et au bout de quelques minutes ils entendent de faibles appels...

C'est sous un lit retourné faisant une sorte de niche que, recroquevillés l'un contre l'autre, pleurant, gémissant, mais bien vivants, ils découvrent deux petits enfants!

On était arrivé juste à temps pour les sauver, disent les médecins : l'oxygène allait manquer. Un peu plus tard aurait été « trop » tard!

En tout, dans ce tremblement de terre de Mexico, resté tristement célèbre, trois chiens français : Vony, Kranto, Gasko, permirent de sauver quarante-sept personnes.

La Grèce n'est pas seulement une des plus grandes civilisations du monde antique, c'est aussi un pays de petites îles qui se trouvent sur un trajet sismique.

DES CHIENS AU SERVICE DES HOMMES

Ces tremblements de terre, « légers » — le plus souvent —, font partie de la vie hellénique.

Mais parfois, au lieu de voir son lit glisser d'un bout à l'autre de la chambre, c'est sa maison qu'on reçoit sur la tête.

Là, ça devient plus grave, et les pleureuses antiques n'ont qu'à reprendre leur voile noir et lancer vers l'Olympe leurs gémissements aigus.

C'est ce qui est arrivé le soir du 13 septembre 1986 (presque un an, jour pour jour, après le tremblement de terre de Mexico).

Le ciel est d'un bleu léger, crépusculaire, mais qu'on ne trouve qu'en Grèce, à Kalamáta, dans le Sud.

Les hommes, profitant de cette fin d'été, sont groupés, buvant tranquillement un ouzo, l'apéritif national.

Et, subitement, un grondement terrifiant qui monte de la terre, le sol qui s'ouvre pour les engloutir, les appels, la terreur, les maisons qui s'écroulent dans un bruit d'enfer. La nuit vient, rapide, recouvrant tout de son manteau d'obscurité qui augmente encore l'effroi.

A Paris, il est environ trois heures du matin quand l'alerte retentit à la permanence de l'Unité de sécurité civile.

Immédiatement, un groupe de reconnaissance est mis en place, comprenant un médecin, une section de sauvetage et, toujours prêt, notre ami Vony.

Bien qu'il ait horreur d'être réveillé en pleine nuit, il remue la queue pour donner son accord; il sait que son maître ne le réveillerait pas pour rien.

Commence alors, pour toute cette équipe humanitaire, un vol pénible, dans un petit bimoteur, appareillé spécialement pour les emmener, hommes et chiens serrés avec les paquetages entre leurs jambes et leurs pattes.

Ils descendent, cinq heures après, courbatus, les yeux pleins de sommeil, sur le lieu du sinistre.

Dix minutes de détente pour Vony et Gasko, fatigués eux aussi par les mauvaises conditions du voyage; c'est tout ce qui leur est accordé, et puis immédiatement... au travail.

LE BÉBÉ MIRACULÉ DE KALAMÁTA

On commence par un immeuble de quatre étages complètement effondré. Que peut-il y avoir sous ces décombres ? L'espoir d'y trouver un survivant n'effleure même pas l'esprit.

Et pourtant, Vony part en flèche dans ces ruines, évitant les trous où il pourrait disparaître, sautant d'une pierre à une autre... Dix minutes de ce manège, et il s'arrête net, hume l'air, et commence à gratter frénétiquement. En même temps, il aboie. Cet aboi particulier pour avertir son maître : « Il y a quelqu'un là, je le sens. »

C'est tellement inadmissible — quatre étages complètement à plat, qui aurait pu en réchapper ? — que l'on fait venir son copain Gasko. Même réaction au même endroit. Il y a quelqu'un là, c'est sûr ! mais dans quel état ?

Les sauveteurs décident de faire de l'écoute pour savoir si la victime est consciente. Elle doit répondre, ne serait-ce que par un gémissement !

Rien !

Avant d'engager le déblaiement — qui n'est pas facile — les autorités grecques imposent le silence à tous et font intervenir les appareils de détection, les plus perfectionnés, les plus sophistiqués. Toujours rien ! Silence total.

Dès lors, la question se pose.

Faut-il faire confiance à la machine ou à l'animal ? S'en remettre à la logique matérielle de l'appareil ou à l'irrationnel de la bête ? Devant la foi inébranlable des maîtres en leurs chiens, il est décidé, en fin de compte, de tenter le tout pour le tout.

Pendant presque trois heures — et il faut imaginer la tension des sauveteurs, leur angoisse — ils creusent. Avec quelle précaution...

Et soudain, on découvre un boyau en forme de passage et au bout... Maria, un bébé de dix jours, vivante ! La seule rescapée de tout l'immeuble.

Dans ces cas-là, pas de doute, le chien est supérieur à la machine. Celle-ci a besoin, pour « savoir », que la victime soit consciente, qu'elle puisse se signaler d'une manière ou d'une autre.

DES CHIENS AU SERVICE DES HOMMES

Le chien, non. Il n'a besoin d'aucune manifestation, même pas de la plus faible respiration, pour déceler la vie.

Coincée entre la mer Caspienne et la mer Noire, coiffée par les monts du Caucase qui lui assurent des températures sibériennes, l'Arménie est, de plus, la terre d'élection des tremblements de terre.

Quelques minutes, le 7 décembre 1988 — tout le monde s'en souvient —, ont suffi pour anéantir des villages entiers, détruire des milliers de vies.

Évidemment, la catastrophe passe aux actualités télévisées.

Deux minutes de réflexion, même pas, et la Sécurité civile est mise en alerte. Cinq maîtres-chiens sont appelés.

Dix heures après, l'avion qui les transporte se pose sur l'aérodrome de Leninakan : c'est l'apocalypse !

Hommes et chiens se mettent aussitôt au travail sur cette terre dévastée, qu'agite encore, de temps à autre, comme un dernier spasme, une secousse.

A l'inverse de Porto Rico, c'est le froid ici qui est intense, et je ne sais ce qui est le pire : $-10°$ ou $+50°$...

Grâce à nos chiens, dont le travail a été remarquable, quinze victimes ont pu être retirées, encore vivantes, de cet enfer.

Mais que de morts, dont les bergers allemands se détournent immédiatement, abandonnant le grattage dès qu'ils sentent l'odeur macabre !

Au bout de quelques jours, les chiens ont d'eux-mêmes cessé la recherche et sont venus se coucher aux pieds de leur maître. Leur attitude était tellement significative que les Arméniens, pourtant peu habitués au langage chien, ont compris : il n'y avait plus d'espoir. Seuls des cadavres restaient encore ensevelis sous les ruines.

A leur retour à Paris, il fallut une bonne semaine pour remettre les chiens en forme, et ce n'était pas uniquement dû à la fatigue : on aurait dit qu'ils restaient obsédés par tous ces morts qu'ils avaient découverts.

LE BÉBÉ MIRACULÉ DE KALAMÁTA

Encore une terrible secousse sismique, en juin 1990 et en Iran, cette fois-ci.

Et, une fois de plus, on a recours aux chiens de catastrophe français, qui sont maintenant célèbres dans le monde entier. Dès qu'il y a une catastrophe quelque part, nos chiens sont appelés au secours.

Personnellement, je suis persuadé que le travail du chien est d'autant plus valable qu'il est profondément lié à son maître. Sans l'affection de l'homme, sans l'amour du chien pour celui-ci, aucune équipe homme-bête n'arriverait à un tel niveau.

L'appui du maître joue pour le berger allemand le rôle d'une « bulle » protectrice. Elle met le chien à l'abri sous une couche de calme et de confiance, et lui permet de faire abstraction de toute l'horreur et des stress de l'environnement qui, s'il ne se sentait pas ainsi soutenu et protégé, le perturberaient gravement, l'empêchant d'accomplir son rôle de sauveteur.

22.

UN CANICHE DIGNE...
D'UN BERGER ALLEMAND

― Oh ! Renée... si vous aviez vu ma tête !

La jolie jeune femme qui nous raconte, à ma femme et à moi, l'aventure qui vient de lui arriver est une amie de ma fille. Danseuse, elle fait partie d'un groupe de ballet et revient d'une tournée à l'étranger.

Mais, pour aller à l'étranger, danseuse ou pas, il faut passer la douane.

Et voilà que, justement, à la frontière, il y a un maître-chien et son berger allemand.

― Je vois ce chien qui commence à tourner autour de moi, à me renifler, sent mon sac avec sa grosse truffe... J'avais posé mon bagage à main à côté de moi, d'un coup de patte il le fait tomber, le hume sur toutes ses faces, et puis revient vers moi. Qu'est-ce qu'il lui prenait, à cette bête ?

« Et, derrière moi, il y avait toute la troupe qui commençait à s'énerver. Nous devions danser le soir même et nous étions juste dans l'horaire : il n'y avait pas de temps à perdre.

« Mais que faire ? Je n'y comprenais rien, moi. Et il était impressionnant, ce gros chien.

« Et voilà son maître qui s'approche de moi.

« Main au képi, salut courtois, sans plus. " Madame, voulez-vous ouvrir votre sac et votre mallette ? "

« Que faire d'autre qu'obéir ?

« Je pose donc le tout sur un comptoir. Le berger allemand

UN CANICHE DIGNE... D'UN BERGER ALLEMAND

enfonce son nez dans mon sac, le retire. Il était net qu'il n'y avait rien dedans qui l'intéressait.

« En revanche, il manifeste le plus vif intérêt pour ma petite valise où il y avait du linge de corps et mon peignoir. Sous son museau, je vois déjà voltiger mes slips et mes collants. Mais, visiblement, c'était mon peignoir qui l'intriguait le plus. Il le tourne, le hume longuement, commence à le gratter...

« Heureusement, le douanier le stoppe et fait lui-même une fouille minutieuse mais méticuleuse de mes affaires.

« Je m'énerve : " Mais enfin qu'est-ce que vous cherchez ? — Seul mon chien le sait... pour l'instant ! "

« Ce n'était qu'à moitié aimable, assez désagréable même.

« — Je vous affirme que je ne transporte ni héroïne ni cocaïne... Encore moins une bombe !

« Mais ça le laisse froid, cet homme.

« Et son chien qui s'obstine, sent à nouveau avec de plus en plus d'acharnement les vêtements que je portais. C'était moi, indiscutablement, qui l'intéressait.

« Notre chorégraphe vient vers nous :

« — Nous avons représentation ce soir. Est-ce que vous avez l'intention de fouiller aussi les bagages de ma compagnie ?

« Il était furieux, le maître de ballet !

« Geste indécis du douanier :

« — Madame, si vous voulez bien suivre cette dame...

« Une femme douanier me conduit vers un petit baraquement :

« — Déshabillez-vous.

« Je le fais, dans la plus grande confusion.

« Et, évidemment, elle ne trouve rien !

« Je ressors pour voir chorégraphe et danseurs qui vociféraient, et les douaniers, plutôt ennuyés !

« Et subitement, j'éclate de rire, mais d'un rire inextinguible.

« Je venais de me rappeler que ma chienne était en chasse. Bien sûr, elle était venue se faire caresser avant mon départ, s'était frottée contre mon peignoir, et c'était son odeur que ce gros bêta de mâle avait sentie sur moi !

DES CHIENS AU SERVICE DES HOMMES

Il n'y a pas très longtemps que les douanes, elles aussi, emploient des chiens.

Au moment où je commençais à former des bergers allemands pour la drogue, j'avais eu la visite d'un de leurs représentants.

Il était venu voir Vanzy, notre vedette d'alors.

Nous avions parlé des facultés du chien-loup ; il ne m'avait rien dit de précis, mais il n'avait sans doute pas perdu son temps. Par la suite, une école de chiens de douane s'est ouverte à La Rochelle.

Je ne veux pas dire par là qu'il y eût une relation avec sa visite, mais...

Toutes les histoires de douane ne sont pas aussi drôles que celle qui est arrivée à cette jeune danseuse. Elle est plutôt l'exception qui confirme la règle.

Mais il y en a quand même d'assez amusantes, tout à la gloire du chien d'ailleurs.

Celle-ci se passe à Roissy-Charles-de-Gaulle où règne Thorr, berger allemand spécialisé dans la recherche des drogues. Et le diable sait s'il en passe, à la douane, du cannabis, du H, ou, plus grave, de la blanche !

Le maître et son chien viennent d'effectuer une visite de routine dans un entrepôt : résultat négatif.

On emmène Thorr à l'extérieur pour qu'il se détende.

Un grand galop, et puis Thorr s'arrête net et s'accroupit pour un besoin hygiénique.

Et il est en train de faire cette chose importante quand il s'arrête brusquement.

Que se passe-t-il ? Pas plus qu'un homme, un chien ne s'arrête jamais quand il fait ses besoins !

Ahuri, son maître le voit lever le nez, prendre le vent et

UN CANICHE DIGNE... D'UN BERGER ALLEMAND

s'élancer à toute allure vers une motocyclette appuyée contre un mur, à une quinzaine de mètres de là.

Intrigué, le douanier rejoint le berger allemand qui, maintenant, gratte de toutes ses forces contre une sacoche accrochée sur la moto.

De l'œil, l'homme cherche le propriétaire de l'engin qui ne devrait pas être loin, puis, ne voyant personne, se décide.

La sacoche n'est même pas fermée à clef. Il hésite encore une seconde, puis, devant l'impatience du chien, l'ouvre.

Thorr, lui, voyant que son maître l'a compris, retourne à l'endroit où il était précédemment, finir ce qu'il avait commencé.

Dans la sacoche, il y a cinquante grammes de résine de cannabis...

Mon autre histoire se passe à Calais.

Dolf, un beau berger allemand, et son maître sont de service au terminal, contrôlant bagages et voyageurs.

Visite terminée, le maître, à tout hasard, décide d'aller faire un tour dans le parking. Il lâche son chien sur un groupe de voitures. Dolf tourne autour en reniflant vaguement : vraiment rien d'intéressant. Il doit sûrement se demander pourquoi son « homme » l'a amené là, quand il lève le museau, hume, effectue un crochet et part à toute allure vers un autre groupe d'autos qui se trouve à environ cinquante mètres.

Et il s'arrête, pile, devant un camping-car immatriculé en Grande-Bretagne.

Le maître arrive. Dolf le regarde et gratte furieusement le véhicule.

C'est si net que le douanier alerte ses collègues.

Il ne s'agit pas d'ouvrir le camping-car — ce n'est pas une sacoche, et il est fermé — en l'absence de ses propriétaires. Ils attendent donc patiemment ceux-ci, pas trop longtemps, heureusement.

C'est un jeune couple, plutôt sympathique mais parlant

uniquement l'anglais, et ne comprenant pas du tout ce qu'on lui veut.

Ils semblent même très indignés en voyant leur véhicule griffé par le chien.

Un interprète est donc demandé, qui leur explique, malgré leur refus véhément, qu'étant en zone-frontière les douaniers ont le droit de fouiller voiture et affaires...

Où on trouve, avec des compliments pour monsieur Dolf, trente kilos de cannabis.

A cinquante mètres — c'est beaucoup cinquante mètres quand il s'agit de flairer une odeur — à cinquante mètres, le chien avait humé celle, bien légère pourtant, du cannabis.

Mais l'histoire la plus extraordinaire, c'est celle d'un caniche qui a battu tous les records des bergers allemands.

Un caniche de deux ans et demi, dressé à la recherche de la drogue.

Une bête unique. C'est la seule fois à ma connaissance qu'un petit chien a pu être éduqué pour devenir chien de drogue.

C'est au large d'Ouessant, le 24 septembre 1990. La vedette des douanes *Avel-Gwalarn*, basée à Brest, effectue une sortie de routine.

Or, ancré à la sauvage dans les eaux territoriales, il y a un beau voilier de quinze mètres, battant pavillon hollandais, le *Samarkand*, qui se balance doucement sur une mer exceptionnellement calme.

L'île est plutôt connue pour ses tempêtes et le vieux dicton : « Qui voit Ouessant voit son sang » n'est pas menteur.

Les douaniers demandent à monter à bord pour un simple contrôle de documents.

Permission accordée, ils vérifient les papiers. Tout est régulier. Presque trop.

Pourquoi les deux jeunes Allemands qui constituent tout

UN CANICHE DIGNE... D'UN BERGER ALLEMAND

l'équipage ne sont-ils pas allés s'ancrer normalement dans un port ?

En charabia franco-allemand, mais avec beaucoup de gentillesse, ils font comprendre que l'ancrage dans un port coûte cher, qu'ils n'ont pas beaucoup d'argent...

Pourtant, un voilier de quinze mètres... Autre chose encore intrigue les douaniers. Comment se fait-il qu'un bâtiment appartenant à des Allemands batte pavillon hollandais ?

Et voilà qu'en visitant le bateau le mécanicien de l'*Avel-Gwalarn* a son attention attirée par l'alimentation en gas-oil du moteur : les tuyaux d'alimentation sont reliés non pas aux réservoirs de carburant, mais... aux soutes à eau.

Les douaniers, malgré les récriminations des Allemands qui ont perdu toute leur amabilité du début, décident de détourner le voilier et d'aller accoster à Brest.

Et c'est là qu'apparaît notre petit caniche, Darwin, accompagné de son maître : une femme douanier.

A bord, les deux navigateurs ricanent avec mépris en voyant ce « petit chien de salon »... et cette « dame » !

Dans leur mauvais français, ils demandent, sarcastiques, si elle vient promener son toutou, sur le pont du voilier, pour son pipi quotidien.

Mais Darwin ne pense pas du tout à lever la patte contre le mât. Directement, sans s'occuper de quoi que ce soit d'autre, il se dirige vers les prétendues soutes à carburant.

« Prétendues », car les deux jeunes gens en avaient vidé le mazout et l'avaient remplacé par 2 000 kilos — oui : deux tonnes ! — de cannabis.

La drogue, pensaient-ils, était ainsi bien cachée, d'autant plus que l'odeur forte du gas-oil devait, à leur avis, dissimuler celle du haschisch.

C'était sans compter sur l'odorat et l'intelligence du « petit chien de salon ». Leur ruse pouvait abuser des hommes, pas Darwin.

Bateau saisi, évidemment.

Et risque de dix ans de prison pour ses occupants.

DES CHIENS AU SERVICE DES HOMMES

Une « moralité » toute à l'honneur d'un caniche qui, ce jour-là, a fait preuve d'un flair et d'un travail dignes d'un berger allemand.

Ce qui est bien le plus grand compliment que, personnellement, je puisse lui adresser !

23.

CHIENS D'AVALANCHE

J'entretiens d'excellentes relations avec toutes les formations cynophiles, quelle que soit l'arme à laquelle elles appartiennent.

Nous « les chiens », comme on nous appelle familièrement, nous ne sommes pas la « douane », la « gendarmerie », l'« armée », mais des maîtres-chiens.

Et ce, internationalement. Nous n'aurons pas de mal à nous intégrer dans l'Europe ! Il y a longtemps que nous l'avons fait... par l'intermédiaire de nos clebs.

Parmi toutes ces « brigades canines », celle que je connais le moins bien, et je le regrette, appartient aux pompiers.

J'ai beaucoup entendu parler des maîtres-chiens de ce corps d'élite, mais j'en sais peu de chose, sauf qu'ils se sont toujours montrés remarquables !

Au cours d'une de nos réunions cynophiles, l'un d'entre eux m'a expliqué :

— Quand nous sommes de permanence, la nuit, nous dormons nos bottes au bas de notre couchette. Cela nous permet d'y glisser nos pieds tout en nous mettant debout dès que retentit le signal de détresse. Nous avons trois minutes — au chronomètre, pas dans le vague — pour être habillés et prêts à monter dans les voitures !

Qui ne nous a pas vus aux cours de ces réunions de la semaine nationale de la cynophilie ne peut imaginer ce que donnent une bonne centaine de maîtres-chiens de toutes les formations...

Quand un maître-chien rencontre un autre maître-chien, que se racontent-ils ? Des histoires de chiens !

Mon ami Hutin pourrait en recueillir quelques-unes pour son émission de télévision !

C'est à celui qui racontera la meilleure prouesse de son berger allemand, qui, évidemment, est le meilleur de tous !

Sans doute parce que mon fils est lui-même gendarme, j'ai beaucoup d'amis dans la gendarmerie.

— N'empêche, me dit celui que le hasard a fait s'asseoir à côté de moi, le chef Cristofoli, vous n'avez pas, vous, un monument édifié à la gloire d'un de vos chiens !

Il se rengorge, pas peu fier, et reprend :

— Il a été inauguré, le 23 novembre 1960, à la mémoire du berger allemand Gamin et de son maître Godefroy.

Il a placé « Gamin » avant « Godefroy ». Normal. Le chien passe avant l'homme, et je suis certain que, si le gendarme Godefroy était encore de ce monde, il trouverait naturel que, dans le récit d'un fait d'armes, Gamin soit cité avant lui : ils ont été tués tous les deux dans une opération de pistage. Et le monument a été élevé à leur mémoire à tous deux.

Le public le sait peu, mais les chiens de gendarmerie tiennent une place particulièrement importante dans les brigades cynophiles.

C'est qu'en plus des pistages et des recherches ils sont presque les seuls à être « chiens d'avalanche ».

Ce sont eux aussi qui ont le plus beau domaine, je le dis avec un peu de jalousie. Le « Centre de formation de maîtres-chiens de la gendarmerie » couvre plus de quatorze hectares comprenant vingt bâtiments, situé dans le hameau de Ségala, pas loin de Rocamadour, en plein pays des Causses, aux vallées profondes, aux plateaux recouverts de

CHIENS D'AVALANCHE

chênes rabougris et de genévriers. On y élève le mouton, la chèvre et maintenant... le chien-loup.

C'est en 1943 que la gendarmerie avait décidé de créer une école de bergers allemands, peut-être prenant exemple sur notre brigade de bergers allemands — du moins, j'aime à le croire !

Profitant de la suppression, après la guerre, de « l'Etablissement hippique de transition de Ségala », la gendarmerie avait obtenu du gouvernement la cession de cet établissement pour y installer un centre canin, à son usage exclusif.

Mon collègue est en train de me faire, avec un orgueil que je comprends d'autant plus que je l'envie, l'historique de ce lieu d'éducation pour maîtres et chiens, unique en France, lorsqu'un autre gendarme se mêle à notre conversation :

— Ils sont fabuleux, ces bergers allemands. Mais sais-tu que les gendarmeries de montagne ont des chiens d'avalanche ? Eh bien, demande à Dumant, de Modane... Il doit être quelque part par là...

Du regard, il parcourt notre bruyante assemblée, puis fait signe à quelqu'un :

— Hé ! Dumant, viens raconter à Girouille la dernière prouesse d'Utz.

Il se tourne vers l'homme sympathique qui vient vers nous :

— Ça fait drôle de te voir sans ton chien !

Il est évident que nos bêtes n'assistent pas à ces réunions d'humains, sans intérêt pour eux. Les histoires que leurs maîtres racontent, ils les connaissent par cœur, puisque ce sont eux qui en sont les héros !

Dumant sourit :

— Tu sais qu'il me manque, mon Utz. C'est bête, mais je le cherche machinalement à côté de moi. Et lui, ce qu'il doit s'ennuyer ! Enfin, demain on se retrouve.

Il se tourne vers moi.

— Alors, tu veux que je te raconte ?

Si je veux !

— C'était en décembre dernier. Il avait neigé. Je crois que je n'ai jamais vu tomber autant de neige de ma vie. Tout était blanc : la montagne, les maisons, les arbres, même les voitures. Si on ne vit pas dans la montagne, on ne peut pas imaginer. Tu sors, tu ressembles tout de suite à un bonhomme de neige.

Il y a dans ses yeux la même nostalgie, le même émerveillement que dans le regard des marins, lorsqu'ils parlent de la mer.

Il continue :

— Tu penses si les skieurs s'en donnaient à cœur joie ! Nous, par contre, nous étions un peu inquiets, sur le qui-vive. On surveillait sans relâche le baromètre : une chute de neige de quarante centimètres était annoncée. Nous savions qu'il y avait un risque d'avalanche.

« Et évidemment, c'est ce qui est arrivé ! Ç'a été la catastrophe : l'avalanche n'épargne rien, c'est le diable !

« Immédiatement, tous les services de sécurité sont mis en place et l'hélicoptère de service — notre voiture à nous — arrive pour nous prendre à son bord, Utz et moi. Il faut dire que ce chien adore l'hélicoptère : dès qu'il entend le bruit de l'hélice, sa queue bat le tambour. Nous sautons ensemble, lui cramponné à moi, ses pattes sur mes épaules.

« L'avalanche avait eu lieu à Valmeinier, une petite station de sports d'hiver.

« En descendant de l'hélicoptère, Utz commence à se rouler dans la neige. C'est un rite qu'il faut respecter : ça dure trente secondes et il se met au travail, en pleine forme, tout joyeux.

« Moi, je l'étais beaucoup moins... D'abord, c'était son premier travail effectif ; jusque-là, il n'avait fait des recherches qu'en entraînement

« Et puis, tu sais, nous autres de la montagne, nous sommes un peu sans illusions. Il est rarissime qu'un skieur pris dans une avalanche de cette importance soit retrouvé, du moins vivant. De telles coulées de neige sont généralement fatales pour ceux qui s'y trouvent pris.

« Les gens de la ville qui viennent passer quinze jours ici pour skier ne se rendent pas compte du danger que peut représenter la montagne. On a beau leur donner des conseils, ils s'en moquent et savent toujours mieux que nous...

« Bref, j'adresse une prière au ciel et je mets mon chien en piste sur la coulée.

« Il hume, à droite, à gauche, file, hésite, et je le vois revenir sur ses pas.

« Les quelques espoirs que je pouvais avoir s'écroulent. Utz n'a rien trouvé et revient, bredouille.

« Or, pas du tout : il s'arrête et effectue un marquage en enfonçant son nez dans la neige.

« Il n'y a pas cinq minutes que je l'ai mis en piste... c'est impossible qu'il ait déjà découvert quelque chose !

« Pourtant, Utz a un petit gémissement que je connais bien. Il y a quelqu'un, là.

« Maintenant, il gratte comme je ne l'ai jamais vu faire en exercice. Comme s'il savait qu'une vie humaine dépend vraiment de lui.

« En même temps, il tourne son museau vers moi et gémit de nouveau. Je comprends : " Viens m'aider, il y a quelque chose d'enfoui, mais tout seul je ne peux arriver à le dégager. "

« J'avais le cœur qui battait à 180.

« Je rejoins mon chien aussi vite que je peux. Tout d'abord, je fais un sondage qui me confirme qu'il y a bien, là, un homme enfoui sous un mètre cinquante de neige.

« Et tout en grattant, je hurle : " Vite... vite... des pelleteurs... Utz a trouvé quelqu'un ! "

« Les pelleteurs ne sont jamais loin, et avec eux tout le matériel de secours, y compris un médecin.

« Ils ont fait vite, je t'assure, et pourtant jamais un déneigement ne m'a paru aussi long !

« Et puis on voit apparaître une main, un début de visage... Est-ce un cadavre qu'a découvert mon chien ou, miraculeusement, le skieur est-il encore vivant ?

« Et c'est là que ma joie devient réelle, totale, partagée avec celle d'Utz qui la manifeste par des bonds et de petits abois : le râle qui s'échappe des lèvres de l'homme nous prouve que le souffle de la vie, bien que faible, est encore là.

Je connais mal la montagne. Berrichon, c'est la plaine qui est mon domaine, mais j'imagine, dans cette immense étendue blanche qui se reflète dans le ciel, ce minuscule groupe de sauveteurs qui a arraché cet homme à son linceul de neige.

— Le médecin réanimateur nous confirme que le gars est bien vivant et qu'il s'en tirera, reprend Dumant.

« Je t'assure que, lorsque Utz et moi sommes redescendus de l'hélicoptère qui nous avait ramenés à notre point de départ, les copains, qui nous attendaient en se rongeant les sangs, tout de suite ont vu que c'était gagné !

Il se tait un instant pour sourire à ce souvenir glorieux.

— Vois-tu, ce jour-là Utz m'a fait le plus beau des cadeaux : celui dont rêve tout maître de chien d'avalanche : il a sauvé un homme qui, sans lui, serait mort !

24.

UN RAPPORT DE POLICE

Jeudi 15 avril

... Recherche en compagnie du chien Atlas sur bâtiments détruits par environ 30 kilos d'explosifs.
... Le chien découvre, sur des étagères :
12 mètres de mèches longues
1 rouleau de cordeau détonant
1 bâton de 200 grammes d'explosifs N. 401
1 boîte de 100 détonateurs pyrotechniques
8 détonateurs pyrotechniques
1 boîte de cigares Havane, avec piège électrique
1 boîte de Gomme A 777 explosifs
3 grenades d'exercice
1 explosif primaire
4 mines éclairantes
3 allumeurs de mines
3 grenades assourdissantes.
Et, dans une glacière située à droite de ladite remise, enveloppés dans un sachet plastique, 5 bâtons de 200 grammes d'explosifs N. 40.

C'est ça un rapport de police. Sec. Précis. Net. Dépouillé de toute humanité : un squelette sans la chair qui le rend vivant
300 grammes d'explosifs... 100 détonateurs... 3 grenades...

DES CHIENS AU SERVICE DES HOMMES

Le tout découvert dans les décombres d'une maison qu'un attentat terroriste vient de faire sauter.

Un rapport, ça ne dit pas les cris, les sirènes des voitures de police et des ambulances.

Ça ne dit pas non plus le volume de l'émotion du « maître » quand son chien a découvert ces objets de terreur et de mort.

Ni le nombre de vies sauvées grâce à un chien ! Combien de morts étaient là, en puissance ?

Ça ne tient pas non plus compte des sentiments : effroi, dégoût, angoisse... On n'est pas des robots. Pas encore.

Ni des risques que bête et homme ont pris.

Ni du fait qu'une recherche n'est pas obligatoirement couronnée de succès.

Et, plus simplement, que c'est souvent dramatique, quelquefois comique, toujours passionnant. Comme la vie !

Ni de ce que, bien souvent, toute cette éducation du chien, mais aussi de l'homme, ne servira à rien... à cause d'une bavure de l'administration, d'une bévue du maître ou de son chien, plus fréquemment encore du hasard.

Une recherche n'est pas toujours aussi bien réussie, parfois même n'aboutit à aucun résultat, laissant désenchantés et mortifiés deux flics : celui à quatre pattes et celui à deux.

Parfois — et alors le cœur bat — le rapport est barré d'une phrase d'un grand patron :

« Mes félicitations au chien et à son maître. »

C'est toujours le chien qui est nommé en premier, et c'est justice.

Notre bonne vieille brigade canine va fêter son centenaire en l'an 2009.

Et, avec lui, pas mal de succès !

ANNEXE

Préfecture de Police.

Secrétariat Général.

Division de la Comptabilité et du Matériel.

Matériel.

Convention.

Entre la Ville de Paris, représentée par M. Lépine, Préfet de Police;

Et M. le Baron Henri de Rothschild agissant au nom et en sa qualité de Président du "Club des chiens de Police", il a été convenu ce qui suit:

Article 1er

La présente convention est faite pour une année à titre d'essai.

Art. 2.

Le "Club du chien de Police" loue à la Ville de Paris vingt chiens de police dont dix devront être fournis le 15 Avril, et dix à la volonté du Club avant le 1er juin aux conditions suivantes:

Chaque chien sera livré:

1° répondant au type adopté par le Préfet de Police;

2° en bonne santé;

3° dressé comme chien de police, c'est-à-dire dressé à défendre l'agent attaqué;– à poursuivre le délinquant au commandement de l'agent,– et à procurer son arrestation.

4° dressé à ne pas mettre en danger la sécurité des tiers.

Art. 3.

Le bail est conclu pour un an pour

chaque chien à dater du jour de sa livraison, date qui sera établie d'après celle du récépissé que devra signer l'agent auquel le chien sera remis.

Art. 4.

Le Club prend à sa charge :

1º l'assurance contre les accidents causés aux tiers par les chiens, et notamment ceux occasionnés par dressage incomplet.

Les accidents arrivés aux chiens en dehors du service restant à la charge du Club, mais en ce cas, la Préfecture de Police devra en donner immédiatement avis au Directeur des Services administratifs du Club, M. Cordier, 50, rue Pierre-Charron, pour que celui-ci puisse prendre toutes les mesures éventuelles de garantie contre les tiers auteurs de l'accident.

2º Les soins vétérinaires.

En cas de maladie du chien l'agent détenteur devra soit conduire l'animal chez M. Briand, vétérinaire attaché au chenil du Club et demeurant 13, rue Jouffroy, ou faire demander ce dernier par téléphone (nº 580.97).

C'est au vétérinaire qu'il appartiendra d'indiquer si le chien est ou non susceptible de continuer son service.

Le Club se réserve le droit de faire visiter inopinément les chiens par son vétérinaire.

3º Le remplacement du chien indisponible ou mort en dehors du service.

Il demeure entendu que la responsabilité du Club n'est engagée que si la mort du chien a été occasionnée par des causes naturelles et si elle n'est pas imputable aux mauvais traitements, ou défauts de soins, ou aux blessures reçues en service.

4°. Le harnachement, c'est à dire un seul harnachement une fois livré et comprenant une muselière, une laisse et une plaque gravée au nom.

Art. 5.

Le chien tué en service ou pour toute autre cause se rattachant au service sera remplacé par le Club dans un délai de quinze jours moyennant le paiement par la Ville de Paris d'une somme forfaitaire de <u>deux cents francs</u>, à laquelle s'ajoutera, bien entendu, le montant de la location échue au jour du décès et non encore réglée.

Art. 6.

La location est faite pour chaque chien au prix de <u>deux cent trente francs</u> par an.

Art. 7.

Pour garantir la responsabilité du Club et lui éviter toute critique injustifiée qui aurait pour cause l'incapacité ou l'incompétence des agents détenteurs des chiens, la Préfecture de Police s'engage à envoyer les agents désignés au chenil du Club pour y recevoir, en quelques jours de leçons, les principes élémentaires indispensables pour obtenir des chiens tous les résultats du dressage, et surtout pour les maintenir en bon état.

Art. 8.

A l'expiration du bail qui sera continué par tacite reconduction à moins d'être dénoncé un mois d'avance, la Ville de Paris pourra acquérir la propriété des chiens loués moyennant le paiement de <u>deux cents francs</u> pour chaque chien, si les deux agents préposés au chenil ont été jusqu'à ce jour payés par la Ville, sinon à dire d'experts.

Fait double à Paris, le sept avril mil neuf cent neuf.

Signé: Docteur Henri de Rothschild.   Le Préfet de Police
                                          Signé: Lépine

Enregistré à Paris
Bureau des actes administratifs)
Le 7 avril 1909, F° 40, C° 3.
Reçu: <u>cinquante-sept francs 50 centimes</u>.
Signé: Maiseau.

Pour copie conforme,
Le Secrétaire Général,

Table des matières

1. Rue Marbeuf. 9
2. Moi, Michel Girouille 13
3. Le bon vieux temps 22
4. Drogues et squatters 42
5. Saltimbanque et savant 48
6. Dealers et bagmans 57
7. Des gens bien... 61
8. Les mousquetaires à Girouille 68
9. Chiens de chasse pour explosifs 78
10. Les aventuriers de la mort 92
11. Descente dans le métro 97
12. Un ami disparaît. 112
13. Un pavillon bien tranquille 119
14. Messe chez le patron 129
15. De drôles de dames 139
16. Un roi à Paris 147
17. Cinq minutes entre la vie et la mort 154
18. La consigne de la gare de Lyon 166
19. Voiture piégée. 174
20. Chiens de catastrophe 180
21. Le bébé miraculé de Kalamáta 189
22. Un caniche digne... d'un berger allemand 196
23. Chiens d'avalanche. 203
24. Un rapport de police 209

Annexe 211

*Achevé d'imprimer en janvier 1993
sur presse CAMERON,
dans les ateliers de B.C.A.
à Saint-Amand-Montrond (Cher)
pour le compte des éditions Robert Laffont
6, place Saint-Sulpice, 75279 Paris Cedex 06*

N° d'édition : 34488. N° d'impression : 93/035.
Dépôt légal : janvier 1993.
Imprimé en France